短视频营销

新媒体时代
重构营销新模式

宋锋森◎著

中国纺织出版社有限公司

内 容 提 要

在高速发展的互联网时代，短视频营销已经成为社交营销的新风口。本书共八章，包括营销模式重构、如何打造个人IP、短视频营销技术规则、短视频制作者个人素质要求、内容输出、账号运营、变现策略及品牌营销八个方面内容。本书详细阐述了新媒体时代短视频营销的创新策略与运营技巧，全书辅助大量案例，脉络清晰，逻辑严谨，语言朴实，是一本看了就懂，一学就会，用了有效的短视频运营技巧书，特别适合视频从业者、电商经营者和传统企业营销人员参考借鉴。

图书在版编目（CIP）数据

短视频营销：新媒体时代，重构营销新模式 / 宋锋森著. --北京：中国纺织出版社有限公司，2021.1
  ISBN 978-7-5180-7973-5

  Ⅰ.①短… Ⅱ.①宋… Ⅲ.①网络营销—商业模式
Ⅳ.①F713.365.2

中国版本图书馆CIP数据核字（2020）第196595号

策划编辑：史　岩　　责任编辑：段子君
责任校对：高　涵　　责任印制：储志伟

中国纺织出版社有限公司出版发行
地址：北京市朝阳区百子湾东里 A407 号楼　邮政编码：100124
销售电话：010—67004422　传真：010—87155801
http://www.c-textilep.com
中国纺织出版社天猫旗舰店
官方微博 http://weibo.com/2119887771
三河市宏盛印务有限公司印刷　各地新华书店经销
2021 年 1 月第 1 版第 1 次印刷
开本：710×1000　1/16　印张：12.5
字数：200 千字　定价：48.00 元

如果你要在最近两三年内找一个热度最高的词，恐怕非"短视频"莫属了！短视频到底有多火？据抖音发布的《2019抖音数据报告》显示，截至2020年1月5日，抖音日活跃用户数超过4亿。而根据2018年同期公布的数据显示，其日活跃用户为2.5亿，这就意味着抖音在一年内日活增长超过1.5亿。作为国内最大的短视频平台，抖音如此迅猛发展，足以说明短视频的火爆程度了。

短视频在一骑绝尘火爆全网的同时，给一大批平台的头部账号带来了惊人的财富：

"丽江石榴哥"直播卖出石榴鲜果120吨，20分钟成交额600万元；

吸金王二驴在快手直播经济好的时候能日入几十万元；

Papi酱作为短视频中元老级的人物，被爆一年的收入高达5000万元左右；

……

可以说站在短视频的风口上，一大波网红吃到了时间红利，从而一举实现了财务自由，完成了人生的逆袭。看到这里的你，或许也会有一丝心动的感觉，甚至会有入局短视频的冲动，其实这是一件很正常的事情。面对"钱"景无限的短视频行业，有谁不想进去分得一杯羹呢？

这个时候，我想偷偷告诉你一个秘密：现在其实短视频的风口尚未远离，未来还会有一个不容错过的赚钱机遇。因为5G时代已经到来，5G时代的助力使得短视频社交应用获得了更强有力的基础设施支撑，那个时候短视频APP将会迎来爆发式的流量增长。

这也意味着，此刻的你不论是企业还是个体，不论是电商还是实体店主，都会在5G时代来临之时遇到一次机遇的垂青，获得一次暴富的可能。

因此，我希望大家能早早布局短视频，当新的流量风口到来之际，能够抓住机遇，解锁更多新的短视频玩法，从而做那只站在风口上赚得盆满钵满的"猪"！

不过，此刻有人会担心自己不懂短视频的创作和运营之道，在大风来临之际，没有一点把控力，会撞得头破血流；也有人担心自己会像马云说的那样："风来的时候，猪都会飞。但是风过去以后摔死的还是猪。"

其实，这些顾虑不无道理。作为一个短视频创业者，很多人对短视频还有创作和运营还是一知半解，操作起来还有诸多困扰：

不清楚短视频的推荐机制"潜规则"，辛辛苦苦创作出来的短视频播放量少得可怜；

不懂得如何给自己做一个精准的定位，发布的作品无法满足用户的观赏需求；

不了解起一个爆款短视频的标题有哪些方法和技巧，写出来的标题平淡无奇，无法激起用户的观看兴趣；

经常思维枯竭，绞尽脑汁也想不出一个受欢迎的爆款选题；

没有推广引流的基本经验，涨粉犹如便秘，看着人家百万级的账号，心情无比焦虑；

对于变现的渠道和窍门知之甚少，"钱"途一片灰暗；

......

针对这些创作和运营的痛点，本书从账号定位、技术解读、心理战术、内容创作、账号运营、变现攻略、企业品牌营销七个维度给你全方位的详细指导。在这里，只要你耐心阅读，认真参悟，就可以获得很多创作和运营的干货内容，比如：

账号精准定位的实用步骤有哪些；

一个既满足受众，又迎合平台推荐算法的爆款标题是如何形成的；

高打开率的短视频封面有哪些设计要点；

如何正确解锁短视频平台的"潜规则"，才能获得更大的推荐量；

账号被限流之后，进行哪些操作才能解除"封印"；

能戳中用户内心的爆款短视频内容有什么样的特质；

怎样毫不费力就能够创造出好的选题；

快速涨粉的运营策略包含哪些；

短视频变现的渠道有哪些，怎样做才能实现经济利益的最大化；

企业的短视频营销又有哪些新鲜的玩法，怎么做才能提升品牌的曝光度和产品的转化率；

……

总之，这本书干货满满，内容全面，案例丰富，理解起来没有难度。更重要的是它的实用性非常强，可以帮助大家高效地完成短视频的知识架构，从而掌握自我飞翔的本领，这样等5G的流量风口到来之际，才能顺风而飞，主动突击，从而捕捉到更多的经济利益。

宋锋森

2020年7月

目 录

第一章

短视频风口：

顺应 5G 时代潮流，重构营销新模式

火爆全网的短视频究竟为何物

随着科技网络的发展和智能手机的普及，人们的生活逐渐被碎片化。为了更好地满足人们通过碎片化的方式获取资讯与进行社交的需求，一种比图文和音频承载量更为丰富的形式——短视频便应运而生。

那么何为短视频呢？

百度对短视频的定义是：短视频即短片视频，是一种互联网内容传播方式，一般是在互联网新媒体上传播的时长在5分钟以内的视频；随着移动终端普及和网络的提速，短平快的大流量传播内容逐渐获得各大平台、粉丝和资本的青睐。

短视频与传统的视频、图文相比，有如下几个特点。

第一，创作门槛低

短视频时代，不再以文字为载体，主要靠画面来展示内容，这就大大降低了人们创作的难度。很多普通的用户只需要通过简单的学习便可以完成一个视频，并将其发布到社交平台上，从而向大众展示他们想要表达的内容。

低门槛的创作给受教育程度不高的用户也提供了一个展示自我的舞台，有时他们只需凭借自己的一技之长，便可获得数十万的播放量和点赞量，从而在互联网上大火一把。

第二，社交属性强

打开很多短视频APP，我们可以看见里面有设置点赞、评论、分享等功能，这些功能可以帮助用户们在彼此之间进行积极的社交互动。

有人曾经在网上做过这样一段评价：脱了袜子自己闻，那叫日记；脱了袜子请朋友到家里来闻，那叫博客；脱了袜子挂在家门口让路过的人闻，那叫论坛；脱了袜子挂在广场上请所有人闻，再去闻别人的袜子，那叫微博；围观别人表演脱袜子，然后学习并表演脱袜子，那叫短视频。

从这段话中我们不难看出，随着时代的变化，各平台的社交属性越来越明显，而短视频的出现更是为用户打开了一扇新的社交大门。

第三，时长短

与投入大、成本高、专业强的影视长视频相比，短视频的时长显得微不足道，大多都是以秒来计算的。

快手短视频平台曾经这样给短视频下定义：57秒，竖屏，这是短视频行业的工业标准。

而今日头条的副总裁赵添则对短视频又有不同的解读：4分钟是短视频最主流的时长，也是最合适的播放时长。

不过不管怎样，短视频都以"短、平、快"的大流量传播变成互联网界的"时间黑洞"。人们只需几秒钟的时间就能获得一个积极的反馈，从而不知不觉地沉迷其中，无法自拔。

第四，碎片化传播

所谓的"碎片化"，顾名思义就是把原本完整的内容切割成诸多小碎片。比如某个影视剧，只截取其中一小段经典的片段展示；某个社会事件，只截取其中一个关键的环节展示。

这种碎片化的展示方式更加符合当代用户碎片化的阅读习惯，同时它还降低了人们参与的时间成本，从而减轻了大家观看时的心理负担。

第五，内容包罗万象

曾经有人将短视频生动地形容为"社会生活百科全书"。这样的说法不无道理。

纵观短视频内容，我们可以发现里面的类型多到眼花缭乱：秀舞蹈、展歌喉、灌鸡汤、说时事、品历史、讲段子、论教育、谈农活……各种内容应有尽有，短视频可以根据用户的喜好和需求，智能化地推荐他们感兴趣的内容。

总之，短视频凭借自身的种种优势，实现了病毒式的传播，成为这个时代巨大的流量入口。

不过，短视频在成为新的品牌营销风口之前，它也经历过相当长一段时间的发展历程。

在短视频创立之初，由于移动设备的功能限制以及网络资费的影响，短视频APP的内容比较单一，用户发展也比较缓慢。

到了2014年，4G网络逐步普及，网络速度也有了很大的提升，后来再加上流量不清零政策的加持，短视频迎来了突飞猛进的发展。短视频应用在原来秒拍、美拍等基础上，又增加了快手、抖音等。

时间来到了2016年，很多优质的短视频创作团队已经获得资本的青睐，比如短视频创业的代表人物Papi酱，在3月获得了1200万元融资，7月，"一条"团队也完成了一亿元人民币B轮融资。

诸多传统媒体人看到短视频的光明前景，纷纷入驻短视频平台，开始了内容生产，而各大品牌商也抓紧时机在短视频平台布局，以抢占更多的营销阵地。

后来，随着用户基数的不断增大，短视频一跃成为话题度最高、最热门的视频类产品。到了2018年7月，短视频的MAU（月活跃用户数量）已经达到5.08亿，同比增长高达79.5%。另外，随着"短视频+"模式（短视频+直播、短视频+电商、短视频+音乐、短视频+资讯、短视频+社交等）加速渗透，短视频迎来了爆发期。

　　走过了起步期、发展期和爆发期的短视频如今已然成为互联网的流量高地。就目前而言，短视频已经进入商业化的成熟期。

　　随着 5G 时代的到来，未来几年短视频必将迎来一个更为广阔的发展空间。

揭秘短视频爆红的深层原因

2020年4月8日，CNNIC第45次调查报告显示，截至2020年3月，我国网民规模达9.04亿，其中短视频用户规模为7.73亿，占网民整体的85.6%。

另外，据《2019年全球移动经济报告》预计，到2025年全球短视频用户将达到14亿，可为全球经济增加2.2万亿美元的经济值。

以秒计算的短视频为什么能火爆全网，并且拥有如此好的发展前景呢？其爆红的背后又有哪些心理学的依据呢？下面我们做一个深入的分析。

第一，碎片化时代的必然产物

随着新媒体时代的到来，以及智能手机的普及，人们完整的工作时间常常被微信、微博、邮件等切割，大家一会聊聊微信，一会刷刷微博，一会儿逛逛朋友圈……就这样生活被分割成了碎片的形式。

根据Quest Mobile的统计数据现实，2017年12月全体网民人均使用的应用程序数量为17.0个，对于年轻的"90后"和"00后"，这一数据更是分别达到20.5个和21.9个。

从这则数据中不难看出，人们的注意力明显分散了。除此之外，中国移动网民月人均使用时长在2017年12月达到104.5小时，人均单日使用时长为3.4小时，若按人均17个应用程序数量平摊，那么人均每天在一个应用程序上花的时间仅为12分钟左右。

在如今这个碎片化的时代，为了更好地满足人们碎片化获取资讯的需求，短视频便应运而生。

另外，由于人们在日常生活中本身就有很多七零八碎的时间，比如坐地铁、等公交、吃饭、午休等，因此人们碎片化的生活常态更加速了短视频的飞速发展。

第二，利用积极正面反馈，让用户无法自拔

在拥挤的地铁里，在繁华的大街上，在深夜的被窝里，我们随时随地都能看见沉迷短视频的身影。

很多人下载了短视频APP之后，都表示自己跟失控了一样，本来打算花几分钟消遣，后来却越来越控制不了自己，经常会花更多的时间和精力浏览短视频。

为什么会出现这样的情形呢？短视频究竟有什么样的魔力让用户欲罢不能呢？其实原因很简单：短视频能够在短时间内刺激人的大脑，使得大脑分泌一种叫多巴胺的成分，而这种成分会让我们产生满足感。

这种积极的正面反馈经常让用户意犹未尽，在追求满足感的同时忘记了理智上网。

第三，迎合了人们展示自我的心理

心理学研究表明，每个人都有一种自我寻求关注的心态。换句话说，就是人人都渴望通过展示自我而获得他人的关注和肯定，而短视频的出现正好迎合了人们的这一心态。

低门槛的拍摄和制作要求又给用户创造了更多的便利，用户只需要通过简单学习拍摄短视频的技巧，就可以轻松用短视频展示自己的才艺、技能以及观点。而发布出去的短视频所获得的评论、点赞和转发，又进一步激发了用户创造优质短视频的热情。

第四，资本的涌入推动短视频加快发展

因为短视频有着非常良好的发展前景，所以很多投资商为了分得一杯羹，纷纷趁势而入，把巨额的资金砸向了短视频领域。

比如，2017年11月，梨视频就凭借强劲的势头获得人民网旗下基金1.67亿元的Pre A轮融资。而2018年上半年，短视频投资的热度依旧不减。1月份，快手获得10亿美元的融资，二更融资金额达到1.2亿，而一条也获得京东领投的C轮融资。

另外，在短视频巨大经济效益的诱惑下，网络大巨头腾讯、百度、阿里巴巴也纷纷摩拳擦掌，先后入局。腾讯开发了微视APP，百度投资了好看视频，阿里巴巴则分别投资了土豆、独客、鹿刻等短视频APP。

资本的大量流入促使短视频行业加快了发展的步伐，同时短视频也渐渐在资本的加持下形成了一个完整的生态圈。

第五，互联网的普及给短视频的发展提供了很大的驱动力

根据第41次《中国互联网络发展状况统计报告》显示，截至2017年12月，我国手机网民规模达7.53亿，较2016年底增加5734万人。网民中使用手机上网人群的占比由2016年的95.1%提升至97.5%。

另外，随着4G网络的普及，移动互联网流量消费也在节节攀升。据相关数据显示，2017年1月至11月，移动互联网的消费流量为212.1亿，同比增加了158.2%。

可以说，智能手机的普及和移动互联网的便利为短视频的爆红提供了必要的支持。总之，短视频在主客观因素共同作用下，强势生根，蓬勃发展。如今抖音、快手、秒拍、微视、火山等APP已经日益壮大，各方势力在短视频市场上也展开了激烈的竞争。在未来，短视频还会有很多机遇和挑战，内容创造者会面临什么样的生存环境，这个还有待时间给出答案。

优质短视频必备的五个要素

低门槛的创作要求让越来越多的人迈入短视频行列。不过千军万马过独木桥，那些秉持着敷衍态度，粗制滥造的创作者很难在竞争激烈的环境中分得一杯利润之羹。

所以短视频博主要想快速吸引粉丝，做出千万级的爆款账号，最关键的是要保证自己能够拍出优质的内容。

那么人们对于优质短视频的客观标准是什么呢？通常来讲，以下五个要素是优质短视频必备的。

第一，价值感和趣味性

一个短视频播放完毕之后，如果给人一种不知所云，或者百无聊赖的观感，那么这个短视频无疑是失败的。

一般来说，优质的短视频必须给用户提供某种价值，让用户获得新知、深受启迪、产生共鸣，或者让其从中感受到乐趣，这样他才愿意花更多的时间和精力关注和了解你的账号。倘若二者不能满足其一，那么短视频就会显得平淡乏味，毫无看点。

例如，我们打开知名的母婴账号"年糕妈妈"，就会发现里面包含了很多有关育儿的干货内容，也有不少引人共鸣的育儿观点。比如"宝宝的防晒霜怎么选""不同年龄的宝宝该吃多少肉""妈妈不是超人，没有人天生就该是坚强的"等。

另外，其短视频的内容表现方式也非常活泼、有趣，用户在收获新知识的同时也不觉得枯燥无味，大家在轻松愉悦的氛围中能接收到满满的育儿干货，试问，这样的优质短视频谁能不爱呢？

第二，吸睛的标题

标题是决定短视频打开率高低的主要因素之一。一个吸睛的标题能够帮助短视频吸引来更多的流量，而一个普通的标题则有可能会埋没一个优秀的短视频内容。

那么我们应该如何给短视频写一个吸睛的标题呢？通常来说，写标题的时候要注意两个核心问题：一是内容是写给哪类用户看的，二是如何写才能获得平台更多精准的推荐。比如，有一个摄影领域的账号叫"爱拍照的崔大桃"，它里面有一个标题为"春游啦！原来草地也能拍出好看的照片啊，快@给你们的男票吧"。

首先，这是一个摄影领域的账号，所以它的受众就是那些对拍照感兴趣的用户，而"春游""草地""好看的照片"等词汇既迎合了人们当下拍照的天气氛围，同时又戳中了受众不懂草地如何拍美照的痛点。因此该短视频一播出，无数摄影小白都迫不及待地选择点击观看。

其次，短视频的转发率、播放量、评论量、读完率等综合因素决定了平台是否会继续推荐该条视频。而标题里提及的"男票"则巧妙地引导用户收藏，转发，这样一来无疑给短视频的多次播放创造了可能。

第三，画质清晰

一个短视频优质与否和它画面的清晰度有很大的关系。创作短视频，即便是内容再怎么吸引人，如果画质模糊的话，也会直接影响用户的体验效果。

所以，为了给用户留下一个好的感官享受，创作者们在制作视频的时候一定要注意以下两点：

①根据播放介质的不同，选择适合的视频尺寸；

②选择专业的拍摄设备，调整好拍摄的光线，准确对焦。

总之，画质清晰与否既彰显着视频制作者的态度，又影响着用户对短视频的感官体验，所以马虎不得。

第四，背景音乐

短视频作为一种视听结合的表达方式，除了要注重画质外，还要重点把控配乐。好的背景音乐能烘托情绪，升华主题，并且把观众快速地带到某个情景当中去。

那么选择什么样的音乐放入短视频才最为合适呢？这对于短视频创作者而言，有很强的主观性。不过即使背景音乐的选取没有固定的公式和标准的答案，但这也并不意味着短视频创作者可以根据自己的喜好任意而为。一般来说，爆款短视频的配乐都遵循一定的套路，如果你掌握了这些套路，你的短视频才有了上热门的可能性。

第五，多角度优化

一个优质的短视频离不开方方面面的努力，剧本、演员、摄影、剪辑、后期加工等缺一不可，如果其中一个环节出现了问题，那么都会影响短视频的整体效果。

所以，作为一个短视频博主，需要不断打磨各个细节，无论是演员的投入程度，还是画面的质感；无论是字幕特效，还是整体的构图，都要事无巨细地考虑到。只有把方方面面的细节打磨好，呈现出来的短视频才能给人眼前一亮的感觉。

短视频博主"燃烧的陀螺仪"曾经拍了一个名叫《今天和消防战士们一起训练一波，走着》的短视频，这个短视频凭借着动感热血的配乐、娴熟的镜头运用、高超的剪辑水平，以及对消防官兵勇敢无畏、舍生忘死的主题刻画，获得了2019年金秒奖春夏赛季最佳短视频。

总而言之，在如今这个碎片化的时代，人们的注意力很难长时间集中在一个地方，所以创作者们要想从高手林立的短视频市场上攫取流量，首先就要让你的作品具备以上五个要素，这样你才有可能快速走红网络，从而实现流量变现的目的。

现在运营短视频还能吃到时间的红利吗

随着时代的发展和技术的变革，近几年，越来越多的新事物涌现出来，比如2008年兴起的淘宝，2010年崛起的微博，2013年热门的微信，2016年爆发的自媒体，以及2018年大火的短视频。

不过每一样新事物的兴起乃至蓬勃发展都有其特定的时间段，那么在未来几年，已经火得一塌糊涂的短视频会不会走下坡路？如果现在运营短视频，还能吃到时间的红利吗？相信这是很多短视频创业人员心里都有的困惑。

其实，对于这个问题，大家不必太过担心，从各个方面权衡，短视频的浪潮才刚刚兴起，它距离下沉期还很远，为什么这么说呢？以下是相关的分析。

第一，短视频的后续有增量

判断一个事物处在什么阶段，最重要的一点就是观察其后续有没有增量。而对于短视频而言，它目前仍然处在一个流量的上升期。

这么说的依据何在呢？仔细观察我们不难发现，在大城市中流行的短视频在经过很长一段时间的发展之后，已经慢慢出现地域下沉的现象。换句话说，就是它目前正在向三四线城市渗透。

现在越来越多的村镇居民开始接受短视频，并且运用短视频展示家乡的风貌，或者日常生活图景，有的甚至还拍起了段子，在快速吸粉的同时还顺便带货变现。

所以，持续的增量意味着短视频依旧有很大的发展潜力，如果你现在有做短视频的打算，也不妨下水一试。

第二，5G移动网络的到来加速了短视频的发展

与4G相比，5G技术具有覆盖能力强、时延低、可靠性高等特点，这也意味着人们在观看短视频的时候不再受某个地域的限制，而是随时随地都能享受到流畅高清的视觉体验。

另外5G时代下，流量费用大幅度降低，这使得越来越多的用户不用再顾虑经济压力，而随心所欲地浏览自己感兴趣的短视频内容。

总而言之，5G时代的到来可以帮助短视频带来更多的流量，而短视频也将在这个5G时代的助力下迎来井喷式的发展。

第三，移动设备为短视频提供了发展的土壤

随着科技的不断进步，智能化的手机已经为短视频创作者们提供了太多的便利。以前拍摄一个短视频，既需要专业的摄像机，又需要后期滤镜、特效等方方面面的处理，而如今智能手机的普及已经让拍摄的成本大大降低。

千万级像素，超高清拍摄，升级优化复合多帧降噪技术和Super HDR技术，可以帮助视频制作者轻松应对各种复杂光线。另外，短视频平台研发的软件上自带美颜、滤镜、特效、背景音乐等，这也为后期制作省了不少麻烦。

所以，移动设备的更新已经为短视频创作者提供了诸多便利，他们有了好的拍摄素材和选题，只要随手拍出来，就有可能火爆网络，从而收割千万级流量。

当然，科技的进步、移动设备的更新降低了短视频拍摄的成本，同时也间接地促使短视频朝着良性的方向飞速地发展着。

第四，强大的市场发展潜力为短视频持续爆火创造可能

对于企业商家而言，短视频的出现无疑为自己提供了一个新的营销模式。在创作短视频的时候，他们会设置一些有趣的情节，以此来凸显产品的特性与优势，从而加深人们对品牌的印象。

比如，打开美团外卖的抖音官方账号，你会发现里面既有趣味十足的段子，又有引人共鸣的生活场景，当然还有毫无违和感的广告植入。人们在欢快愉悦，感同身受的氛围中不知不觉间喝下了一碗"广告迷魂汤"。而美团外卖也凭借着这些高质量的短视频收割了一大波的忠实粉丝，从而为进一步的产品变现做好了准备。

而对于个体而言，短视频更是为他们提供了一个很好的展示自我的舞台。如果你是一个资深的沉迷短视频的网瘾少年，你就会发现，短视频里有很多超级网红，他们依靠自身的才能获得万千粉丝的追捧，而有了超高人气的加持，他们仅仅依靠带货就能获得不菲的收入。

所以，短视频不管是对于企业商家，抑或是个人，都具有很大的市场发展潜力。未来在5G技术的带动下，短视频究竟还有哪些新的掘金技能，相信很多短视频的运营者早就摩拳擦掌，积极挖掘了！

第五，短视频平台对新号的友好态度

虽然经过好几年的发展，短视频已经进入了全民变现的时代，但是这并不意味着新号就很难分得一杯羹了。

据相关数据显示，某些短视频平台（如抖音）对入驻的新人还是非常友好的。只要你在基础流量下能获得较高的点赞率、转发量、完播率等，平台还是会给你分配更大的流量池，以便你的优质作品被更多的人看到。

综上所述，可以看出在未来几年，短视频还是会有非常广阔的市场前景的。如果你还想在这个领域获得收益，那么不妨现在就着手去做。5G 时代的到来必将带来短视频的风口，而你站在这个强劲的风口上，也会更容易实现自己的财富梦想。

未来短视频的风往哪个方向吹

小米的创始人雷军说过："站在风口上，猪都能飞起来。"而经过多年迅猛式发展的短视频，如今俨然成为一个新的发展风口。很多短视频创业者抓住了这一机遇，纷纷入局短视频，享受到了一大波风口的红利。不过入局的人越多，也就意味着彼此间的竞争越大。

在如今这个新陈代谢飞快的互联网行业里，今天的你或许能站在风口上，获得巨大的经济收益，明天很有可能风平浪静，摔得很惨。那么作为一名短视频创业者，怎么样才能在竞争激烈的市场环境中占领行业制高点呢？其中最重要的一点就是能够把握好风向，顺风而行，这样在未来几年才能有较好的发展前景。

就目前的情况而言，短视频在未来有如下几个发展趋势。

第一，短视频的内容趋于垂直化、个性化、组织化

随着消费升级时代的到来，如今以娱乐化为主的短视频发展模式因为同质化严重、变现的困难，终将被市场淘汰。

换句话说，那些拥有大流量的明星娱乐类、搞笑幽默类的短视频将不再具有优势，取而代之的是垂直细化的内容，音乐、美食、美妆、新闻、资讯等方面的垂直延伸才是未来短视频平台发展的必然趋势。

另外，在竞争日益激烈的短视频领域，一个内容创作者要想攫取更多的流量，首先必须保障自身的内容极具个性。只有个性化的内容才能让你在同质化的短视频中脱颖而出，从而收获到更多的粉丝。

在抖音里有一个叫"轩宝爸爸"的账号，这个账号里更新的每个短视频的点赞量轻轻松松就能过万。为什么它能获得如此好的成绩呢？其实很大部分原因是它稀缺的个性的原创内容。

这位短视频博主用厨房最简单的食材和一双绘画的巧手，构造了很多经典的荧幕形象。在其置顶的一个短视频里，他用生姜做成了假山，用茴香的嫩叶做成了树，并且手绘了黛玉和宝玉一双璧人，平平无奇的构图在灯光和烟雾的渲染下变得美轮美奂，意境悠远，让人忍不住啧啧称奇。而他也凭借着普通食材拍大片的本领获得了几百万的粉丝，就连中国新闻网也采访报道了他的事迹。

当然，短视频内容生产趋势除了垂直化、个性化之外，最重要的还有组织化。在如今这个时代，单打独斗已经很难生存下来了。很多短视频博主如果没有长期的规划能力和商业运转能力，很难活到变现的阶段。所以内容生产者需要加入MCN组织，相互联合起来，这样才能保障有持续高质的内容输出，才能最终实现商业的稳定变现。

第二，"短视频+"的跨界商业化道路

现如今短视频的表现方式和营销生态日趋成熟，而且融合发展也成为一种趋势。中国网络视频研究中心副主任王晓红也说过：未来"短视频+"将成为常态，多元主体协同参与，跨界融合越发显著。

1.短视频+电商

在这个全民刷短视频的当下，很多商家看中了短视频这一巨大流量池里的潜在客户，于是纷纷找相关领域的短视频达人合作，以谋求更多的销量。

另外，还有很多电商自起炉灶，通过自己创造短视频宣传推广商品。因为短视频和电商的通力合作，如今已经打通了流量到电商的便捷转化路径，因此用户在浏览视频内容的同时如果被视频中弹出的产品吸引，就可以直接点击产品链接，进而跳转到购物网页去下单。

2. 短视频 + 社交

根据第 42 次《中国互联网络发展状况统计报告》显示，2018 年，74.1% 的中国网民使用短视频应用。而在这些用户中，社交娱乐方面的内容，占据了接近 50%。所以，在 4G 和 5G 网络交替之际，很多短视频平台意识到社交的重要性，并且逐渐向这个方向靠拢。

其中比较典型的就是多闪。据多闪产品负责人徐璐冉说，短视频 + 社交 = 多闪。这个软件的主要功能是"随拍"，随拍的内容 72 小时内展示给别人，之后便转换为个人相册。另外这个随拍还有个功能，知道谁在关心（看）你，看自己所发的视频。从中我们不难看出，多闪的社交属性非常明显。

3. 短视频 + 知识

由于短视频创作门槛低，所以使知识生产变得更加便捷；同时又因为短视频简短易得，因此使知识传播的门槛和获取知识的成本大大降低。基于以上两点原因，使"短视频 + 知识"跨界融合成为可能。

作为未来短视频跨界的热门领域之一，"短视频 + 知识"的模式获得了很多人的认可，就连知名互联网评论家丁道师在接受《中国产经新闻》记者采访时也这样说道："我认为'短视频 + 知识'这是很有必要也是很好的一个风向，其实早在去年我就说过，短视频也好，直播也好，不应该总是播放一些聊天唱歌跳舞，应该多播放一些跟我们知识传播，日常生活息息相关的一些内容和服务，这才是短视频行业和产业的突围之道。现在科普通过抖音快手等平台传递知识和信息，是非常正能量，非常接地气，非常符合发展风向的。"

当然"短视频 +"的模式不仅仅局限于电商、社交、知识等领域，在未来5G时代的推动下，这种跨界融合的玩法还有很多。相信在未来几年，短视频和各互联网平台的运营者能够脑洞大开，突破传统固化的界限，解锁出更多产品跨界、渠道跨界、文化跨界等形式。

第三，未来短视频的运营成本大大降低，营销效率显著提升

5G时代即将开启，加上AI技术的赋能，未来短视频的审核速度势必会加快很多，这也意味着短视频的运营成本会大大降低。而节省下来的人力成本可以作用于提升用户体验、洞察用户需求，这样可以更加有效地提升短视频运营者的营销效率。

总之，未来的短视频依旧是互联网的宠儿，作为一个短视频创业者一定要把握好时机，选择合适的领域深耕细作，必要的时候团结一切可以团结的力量，利用一切可能变现的渠道，争取乘着时代的东风实现利益的最大化。

第二章

打造你的个人IP:

走好这万里长征中的第一步

精准定位短视频的几大实用步骤

如今入驻短视频领域的创作者多如牛毛，不过很多人做的时候非常盲目，今天更新美食，明天拍摄一段美景，后天又上传一段唱歌视频。

这样无目的、无规划的操作如果想自娱自乐尚可，可是如果想积累粉丝，谋求变现，那几乎是不可能实现的。因为短视频的受众不是你自己，如果一味地凭着自己的喜好创作，很难吸引到大量的粉丝，也无法引起别人的共鸣和点赞，因此你的账号也很难有爆火的可能。

为了避免你的作品出现无人问津的尴尬，也为了让你的账号走得长远，短视频创作者首先第一步最应该做的就是定位。通常来说，短视频的定位包括以下几个方面。

第一，领域定位

在短视频行业，专注垂直领域才是王道，过于繁杂的内容不利于系统推荐给精准用户，更不利于目标用户的筛选，当然到了后期变现环节更会难上加难。

为了避免这种情况发生，一般账号建立之前就要先给自己定好位，想好以后要从事的领域，然后在该领域精耕细作，这样才有利于短视频平台对你的内容进行精准定位和分发。

一般来说，短视频的领域分为以下几个类型：影视类、音乐舞蹈类、文化教育类、美食类、汽车类、搞笑类等，挑选其中一个你感兴趣或者擅长的领域，然后钻研深耕，这样才更容易打造爆款级的账号。

第二，用户定位

所谓的用户定位就是指你的短视频打算给哪类群体观看。如果你是育儿领域的创作者，那么你的受众群体就是宝爸宝妈；如果你是一个摄影领域的创作者，那么你的受众群体便是对摄影感兴趣的人；如果你是一个美食领域的创作者，那么你的受众便是对做饭感兴趣的用户……

这些受众群体又可以根据其对产品需求的强烈程度和消费能力的大小分为不同的类型。不过不管是哪个领域的受众群体，不管是哪种类型的目标用户，他们里面都有很多潜在消费者，这些消费者便是你后期实现变现的关键所在，所以你一定要用心制作视频，以优质的内容牢牢锁住他们的视线，让他们成为你忠诚的粉丝。

第三，内容定位

内容定位，即你的短视频想要更新什么样的内容。一般来说，短视频的内容是由你所选的领域和目标用户决定的。如果你所选的领域为美食，那么你更新的内容肯定跟食物有关；如果你的目标用户为婴幼儿的妈妈，那么你所更新的内容势必就成为宝宝辅食了。

在抖音上，有一个叫"君君辅食记"的账号，因为该短视频博主本身是一个高级营养师，所以她选择了自己最擅长的美食领域，又因为她有7年母婴行业的经验，是一个高级育婴师，所以她的专业技能对于宝妈而言很有帮助，综合考虑之下，最后她把内容定位为美食领域和育儿领域的交叉地带：辅食。

有了专业技能的加持，她的每条短视频都干货满满，总能给那些对辅食一筹莫展的宝妈们带来很多启发和指导。另外，她的短视频解说干净利落，用最短的时间高密度地输出新知。当然，色彩鲜明的食材也给大家带来了极好的视觉体验，因此，她的短视频一经发布，很快就吸引了大量粉丝的转发、评论。

第四，风格定位

经常刷短视频的朋友一定有这样一种感受：有些账号内容幽默搞笑，看得人忍俊不禁；有的账号内容端庄严谨，看得人肃然起敬；有的账号内容很有格调，充满了质感……总之，不同的账号，给人的感觉是不一样的。

作为一个短视频创业者，你的短视频应该打造什么样的风格呢？这个问题还需要根据你的语言功底、内容特性或者产品和品牌的形象决定。

总而言之，短视频的定位非常关键，我们只有定好位，才能明确自己的方向和目标，才能在创作内容的时候不迷茫，才能精准地占领用户的心智，才能更好地实现流量变现。

起一个吸睛且便于传播的昵称

给账号定位之后，也就基本确定了该账号的创作方向。接下来，我们要做的就是给账号起一个昵称。

一般来说，好的账号名称不仅拥有吸引大家注意力的魔力，甚至还可以起到涨粉的效果。那么怎么样才能让你的账号名称给人眼前一亮的感觉呢？以下是几点给账号命名时可以用到的小技巧。

1.利用谐音梗

众所周知，一个有创意的昵称很容易引发用户的联想，也容易被用户牢牢记住，那么我们怎样做才能取一个有创意的昵称呢？以谐音来命名便是一个不错的方法。比如有一个关于手工迷你厨房的账号，它的名称就叫作"小小食界"。一个"食"既点名了短视频的拍摄主题，又和"世界"的"世"谐音，寓意着迷你厨房这个小世界。这个昵称可谓一语双关，很有创意。

2.内涵式起名

所谓内涵式起名就是账号名称里包含某个内涵点，让用户一看不由自主地联想到别的含义。记得曾经在网络上看过这样一个账号昵称"叫个鸭子"，这个名称乍一看不禁让人想入非非，但实际上它只是一个宣传烤鸭的美食账号。不过正是因为这个昵称的特殊内涵，使得人们对这个账号过目不忘。

3.以营销内容起名

短视频博主也可以在自己的账号昵称中嵌入跟内容相关的词汇。比如，有个美食领域的短视频达人，他的账号名字就叫"第一美食"。当然，为了提高辨识度，大家在关键词旁边还可以加入表示自己身份、地域的词汇，或者自己的名字。比如，儿科医生雨滴、成都美食、美食作家王刚等。

4.以数字命名

和汉字相比，数字是一个独特的存在，且具有独特的优势。在账号的昵称中嵌入数字，首先在视觉效果上就很显眼，另外，数字还可以传递某个概念。比如，"舞林一分钟""一分钟涨姿势""夜晚三点半"。这里面的"一分钟""三点半"既吸引了用户的注意力，同时又传递着特殊的寓意，"一分钟"表明了时间的短暂，降低了用户的阅读压力，而"三点半"则勾起了用户的好奇心，两者的使用都很有利于涨粉。

5.凸显用户需求

众所周知，任何一种营销，都是用产品的功能满足用户的某种需求。我们只要刺激了用户的敏感需求，就有可能引发他们的关注。很多平台正是明白了这一点，所以才以客户的需求为出发点，为自己的账号命名。

比如外卖平台"饿了么"，洗涤用品领域的扛把子"立白"，他们都是抓住用户饥肠辘辘的特性，或者渴望衣服一洗即白的心理需求而命名的。

6.蹭热点词汇

为了更好地吸引粉丝的眼球，你还可以在内容关键词前面加一些很有看点的词汇，比如"热门电影排行榜""经典电影解说""八卦爆料社""毒舌八卦圈"等。这里的"热门""经典""爆料""毒舌"等词汇自带流量的热点，用户看到这样的账号昵称忍不住就想点进去看一下。

以上这6个账号命名的技巧可以有效地帮助你理清头绪，获得更多有创意的灵感。不过，要想打造一个"走红体质"的账号，掌握这些还远远不够，短视频创业者在给账号起昵称的时候还要避开这几个大坑。

1.账号名称拗口难记

有些人给账号起名称的时候为了追求个性独特，总是喜欢用一些繁体字，或者生僻字。这样的做法会增加用户识别的难度，从而把潜在用户越推越远。

2.名称平淡无奇，毫无看点

没有创意的账号名称就像是一碗平淡的白开水，无色无味，无法给用户带来感官的刺激，因此很难吸引用户主动关注。

3.名称抽象不好理解

有些账号名称一眼看上去就让人觉得匪夷所思，不知道这个账号会更新什么内容，而在这个碎片化的时代，用户的注意力是极其宝贵的，没有人会花时间逐字逐句地解读你的账号名称，碰到那些抽象不易读懂的名称，大多数人都会一划而过，选择别的有趣的内容观看。

所以作为短视频创业者一定要注意这个问题，以免高难度的阅读障碍吓跑本该属于你的用户。

4.昵称传播难度较大

有些账号名称虽然很个性地使用了谐音，但很不利于账号的传播。比如，有一个短视频的名字叫""，用户在输入账号名称的时候很容易打成""，这样无形中给用户设置了障碍，增加了其时间成本，非常不利于提升你短视频的播放量，更不利于短视频的传播。

以上就是给账号命名的6个实用小技巧和4点注意事项，如果你是一个正在为昵称而苦恼的短视频创业者，那么不妨按照上面的提示来一场头脑风暴吧，相信经过各个角度的筛选之后，你会思考出一个让人眼前一亮的昵称。

设计 Logo 需要注意的四个维度

短视频的账号设置，除了昵称，还有Logo。Logo虽然只有一个简单的图案和字母组合而成，但它却是一个企业形象的代表，它体现一个品牌的精髓，所以我们在设计的时候不可敷衍了事。

你知道吗？百事可乐的Logo设计费用为100万美元，澳新银行集团的新Logo设计费用为1亿美元，英国广播公司（BBC）的Logo设计投入费用为180万美元，英国石油公司（BP）的Logo设计投入费用为2.11亿美元……种种数据都表明Logo的重要性。

那么，面对一个如此重要的Logo，短视频创业者应该怎么设计才能让其更具品牌竞争优势呢？

第一，辨识度高

辨识度高的Logo可以有效地帮助企业做好推广。比如，福特汽车的Logo设计感就很强，辨识度也高，它采用了福特的英文Ford，蓝底白字，整体很像一只肆意向前奔跑的小白兔，它象征着福特汽车飞奔世界；再如，亚洲医学美容医院连锁领导品牌——美莱，其Logo是一条身姿曼妙的美人鱼，下文是其英文名称MYLIKE。美人鱼作为美丽和真爱的化身，代表了热爱生活的积极态度，以及追求美丽的信心和勇气。美莱把美人鱼作为品牌的象征与标识，彰显其以传递美丽价值为己任，为人们创造美好生活、共同展望美丽未来的核心价值观。其英文MYLIKE的含义是

"My Future & I Like"，即"我的未来，我喜欢"，名称和标识的完美结合给人以清新、时尚、美丽的感觉，体现了美莱品牌的价值取向和文化内涵。如图2-1所示。

图2-1 美莱医学美容医院Logo

高识别度的Logo应该如何设计呢？

1.你可以把品牌名称直接图案化

比如，天猫、搜狐、美团、王老吉、农夫山泉等。当然，也有的企业没有把品牌全称放进图案，Logo图标只是截取了品牌名称中的关键字，比如支付宝、淘宝、今日头条、豆瓣、百度。这种做法可以让用户清楚准确地识别和记忆代表品牌形象的Logo。

2.可以用卡通形象做品牌的Logo

比如QQ用企鹅的形象做Logo；新浪微博的Logo用一个神似眼睛的图案，外面两条橘黄色的半弧线代表着向外传递信息；肯德基是以桑德斯的形象为广告Logo的。

3.以产品属性中的标志性图案做Logo

比如音乐软件，用一个音乐符号做Logo，天气预报的软件用一个太阳的图案做Logo，计算器用"加号减号乘号等于号"组成图案……

第二，易于记忆

Logo是一个企业的门面，它是传递企业价值的一个重要途径，更是提高企业曝光度的重要载体。所以在设计Logo的时候不仅仅要求其识别度高，而且还要求其易于被用户理解和记住。

那么作为一个短视频创业者应该怎么样做才能让自己的Logo深深地刻在用户的脑海中呢？以下是3个实用的指导方法。

1.以目标群体为设计依据

因为Logo是给目标群体看的，所以设计的时候一定要考虑他们的理解水平、熟悉程度。比如，你产品的受众群体如果文化水平有限，那你的Logo里就不适合放一些英文，否则设计出来的Logo会超出目标群体的理解范围，很难被他们理解和记忆。

2.使用目标用户熟悉的符号

设计Logo的时候要考虑受众的基本面，选择大家都比较熟悉的符号作为Logo的最佳素材，在此基础上再考虑Logo的美观度，这样才能加深Logo在受众群体心中的印象。

3.不要有过多的色彩渲染

认知负荷理论认为：人处理的信息越少，调动的感官越多，信息处理时越集中，信息就越容易被处理，被存储。所以在设计Logo的时候要尽量使用单色或者色彩搭配较小的方案，过多的色彩和元素的堆砌很容易让受众群体的注意力分散，达不到很好的记忆效果。

第三，便于传播

便于传播的Logo是企业营销推广的一把利器，它可以有效地帮助企业降低营销传播的成本。那么怎么样设计Logo才可以让它具备病毒式传播的属性呢？

其实设计的核心思想就是两个字：简单。一个简单的Logo意味着你不能让它有歧义，有谐音，有任何负面联想。只有这样才能方便用户简单直接地介绍给其他人。

第四，Logo 的整体性

Logo 是一个统一的整体，所以在设计的时候一定要保证各个元素之间和谐统一，不要在视觉上给人一种涣散的感觉。Logo 设计倾向于整体性和统一性的典型案例莫过于 Mobvista 汇量科技。由于品牌升级的关系，它的 Logo 做出了一系列调整。

具体调整的细节无一不遵循着整体性的原则。比如，"Mobvista"中的"Mob"的紫色被去掉了，整个英文字母都变成了黑色。另外，它还用"紫绿黑"三种颜色拼接而成的矩形色条将字母"i"与"t"巧妙地做了连笔处理。汉字部分，它将"汇"的左半部分也做了连笔处理，与英文字母里"i"与"t"的连笔保持风格一致。

有人将 Logo 比作一个人的外表，Logo 越是赏心悦目，越容易引起人们了解的欲望。一个好的 Logo 能够帮助企业节省一大笔宣传推广费用。所以作为短视频创业者在账号设计的时候一定要注重 Logo 的设计，这样你才能在众多同质化的竞争对手中脱颖而出。

用高颜值的头像抓取用户的记忆

头像是决定短视频账号点击率的关键因素。一个账号的头像越特别、越美观，越容易引起用户的关注。一般来说，短视频的账号头像无外乎以下几种情况：

1. 使用Logo做头像

通常情况下，知名度较高的企业都会用其品牌Logo来做账号头像。比如，饿了么的官方账号就是用其"e字形"的Logo做头像。

2. 使用真人头像

采用真人做头像的好处是用户可以直观地看到人物的形象，从而缩短彼此间的心理距离。比如，反串界的扛把子"毛光光"、网络红人Papi酱都是用真人头像作为其账号的头像的。

3. 使用账号名称做头像

有些账号直接用账号名称做头像，这样做可以很好地强化个人IP。比如优质纪录片领域的账号"一条"，优质搞笑领域的账号"Big笑工坊"，都是用账号名的文字做头像的，背景皆为纯色，很直观地凸显了字体。

4. 使用卡通形象做头像

很多年轻的短视频运营者喜欢用萌萌的卡通形象做账号头像，这也是吸引用户眼球的一种好方法。典型案例有：优质影视领域的账号"刘老师说电影"、优质教育领域的账号"Ps设计小喵"。

5.使用短视频的动画角色做头像

用短视频内的主人公做账号的头像，可以进一步加深用户对角色的印象。比如，抖音里有一个叫"蘑菇头表情"的账号，它的短视频里的主角是蘑菇头，而其头像也采用了蘑菇头。这个账号用幽默风趣的段子和搞笑逗乐的蘑菇头表情包收割了数百万粉丝的喜爱。

以上是常见的5种选取头像的情况。如果你在设置账号的时候有些迷茫，不知道该拿什么图案作为账号的头像，不妨从上面几个案例中捕捉灵感。

另外，值得注意的是，选取头像还需要遵守以下两个原则。

1.头像的形象符合短视频的风格

比如上文中提到的"蘑菇头表情"，该账号内容风趣幽默，是很明显的搞怪俏皮风格，所以其头像也使用了一个自带搞笑属性的蘑菇头表情包，可以说选取的头像很符合短视频角色的身份特征。

2.头像要美观清晰

选取头像时一定不要选那些清晰度较差的图片，这样会影响用户的感官体验。另外，所选取的头像一定要符合主流审美，否则用户看着会别扭，从而丧失了持续关注的动力。

头像是决定一个账号辨识度高低的关键因素，一个优质美观的头像可以一下吸引到用户的眼球，从而为你带来更多的流量。所以作为一名短视频运营者，一定要慎重对待，切不可用敷衍了事的态度任意选之。

标题，一个你不得不搞好的"面子工程"

如果把人比作一篇文章的话，那么标题就是人的脸。短视频运营者只有把这"面子工程"搞好，才能获得大量的点击。

另外，很多短视频平台采用推荐算法渠道，即一个短视频发布之后，先由机器解析，然后提取标题中的用于概括短视频内容的关键词，而这些关键词就是所谓的标签。按照智能推荐的规则，标题里命中标签的概率越高，获得的推荐也会越多。

由此可以看出，好的标题既要顾及受众，还要迎合平台的推荐算法。那么如何才能做到两者兼顾呢？以下是可供参考的几点实用建议。

第一，布局一些常见的行业关键词

因为标题首先是要给机器看的，所以在写的时候一定要添加一些自己所在领域的专业词汇。比如，你是育儿领域的账号，那么在写标题的时候，可以布局一些类似宝宝、早教、绘本、开发潜能、玩具等的关键词。这样平台可以根据这些关键词精准地推送给感兴趣的用户，而客户越精准，后期营销效果就越好。

另外，我们在写标题的时候一定要避开一些冷门、生僻或者专业性很强的词汇，因为这些词汇不仅机器人不好识别，而且受众人群也少，这就导致短视频点击量少，机器人推荐也少。

第二，击中用户的痛点

一个好的标题最好和用户的痛点息息相关，这样才能刺激到他的敏感神经，使其对短视频的内容感兴趣，从而产生点击的行为。

比如，抖音账号"年糕妈妈"里就有这样一条标题为"宝宝哭着不让你上班？偷偷溜走是最笨的办法"的短视频。

家里有宝宝的妈妈很多都有过上班临走前孩子哭得撕心裂肺的经历吧。虽然不是生离死别，但是看到宝宝不舍的样子心里难免一阵酸楚。这就是每个妈妈心中的痛点，所以这个标题一开始就用"宝宝哭着不让你上班"挑起宝妈们敏感的神经，宝妈们的心思被戳中了，肯定会主动地点开视频看一看。

第三，设置悬念，激发用户的好奇心

这是写短视频标题常见的一个技巧，通过这种方法可以有效激发用户的好奇心，进而使其忍不住点击进去一探究竟。

比如在抖音上有一个叫"趣味生活杂谈"的账号，它里面有这样一个标题："马桶上一大一小按钮，原来这些年都按错了！这才是正确的使用方法。"

这个标题一开始就说我们平时都在错误地使用马桶按钮，这一否定的说法立刻就激起了人们对正确使用方法的好奇，所以本着对真相的追求之心，很多人都会忍不住点进去了解一下。

第四，引发用户的情绪共振

人是一种情绪化的生物，所以短视频博主在起标题的时候可以就某件事情或者现象，为某一类人发声，这样很容易获得这类人的强烈认同感，使其达到情绪的共鸣。

比如著名情感导师涂磊，在其抖音账号里就有这样一则标题："全职太太创造的价值不亚于一个上班的丈夫！"这短短的一句话，一下子就击中了那些每天勤勤恳恳献身家庭却不被认可的全职太太的心，最后这条引发情绪共振的短视频获得了84.4万的点赞量、4.2万的评论量以及12.3万的转发量。

第五，善用热点事件

热点事件自带流量，短视频博主在起标题的时候可以蹭一蹭热点，以此增加内容的曝光量。

比如，澳门赌王何鸿燊去世，很多短视频运营者借势营销自己，于是我们就可以看到很多跟赌王有关的标题"98岁何鸿燊香港去世，60秒回顾赌王一生""回顾赌王一生感情经历，迎娶四位太太，有十七位子女""赌王何鸿燊去世。养病期间曾为了女儿何超盈婚礼练习走路，和太太梁安琪温馨互动"……

很多短视频靠着热点可以攫取很多流量，但这一做法并不适合所有的账号。有些账号所在的领域与热点内容没有丝毫关联，这个时候短视频运营者就没必要为了强行蹭热点而更新一些与垂直领域无关的内容。

第六，引入一些有争议的观点

有的账号为了加强与用户之间的互动，故意在标题里设置一些有争议的观点。这些观点会引发评论区激烈的讨论，而按照短视频的推荐机制，评论区的留言越多，互动越频繁，二次推荐的概率就越大。

比如，一个叫"广州普法"的抖音账号里有这样一则标题：狗作为伴侣性动物拟禁食，你支持吗？这个开放性的话题顿时引来无数人的讨论：有些被狗伤害过，或者无肉不欢的人则表示不支持；有的爱狗人士则表示狗是人类的朋友，不应该残忍的杀害；当然还有人则明确表示讨厌极端的爱狗人士……总之这则短视频以高热度的讨论收获了数十万的点赞量。

另外，需要提醒大家的是，标题中引入的争议性观点不能极端，更不能挑战众人的道德底线，否则就算引爆评论区，最后也会败光你个人账号的好感度。比如，有一个叫"七阿姨"的抖音账号，它里面有这样一则标题：刚过门就杵在那里看我儿子干活，花那么多钱娶你回来当皇后啊！看着就来气，真是在自己家娇惯坏了，我可不惯着你！

虽然说收拾家务是已婚男女共同的责任，但是标题里营造出来的这种刻薄挑事的恶婆婆形象很容易招人反感。最后虽然评论区人声鼎沸，但大多都是负面评价，不得人心，既不利于账号吸引粉丝，而且还增加了被举报的风险。

第七，巧用数字

因为数字既具有极高的辨识度，同时能具体直观地表现某一事物的特性，因此得到很多短视频运营者的喜爱。他们在写标题的时候也会适时放进去一些数据，以此吸引用户的关注。

比如，有一个"鹏哥说房产"的抖音账号，它里面有这样一个标题："毕业仅3年，从负债累累到月入10万元，他到底做对了什么？"

"毕业3年""月入10万元"这一则前后对比明显的数据成功激发了人们的好奇之心，为了快速了解赚钱之道，大家势必会点击内容进一步观看。

第八，结尾抛出话题，引导用户留言

众所周知，短视频被推荐之后，如果点赞量和评论量不多的话，机器人就会认为你的短视频不受用户的欢迎，进而减少二次推荐。为了避免这种情况发生，短视频运营者在标题的结尾处可以设置一个问题，让大家在评论区留言。

比如，"你有没有一个爱而不得的人？""你同意这种说法吗？""你从哪个细节发现老公其实并没有那么爱你？""觉得我说得有道理的，请您留下一个免费的小爱心"，类似这样的话可以有效引导用户积极互动，从而促使官方为账号加权。

另外，标题里面加热门标签，或@好友、官方小助手，有利于增加内容的曝光度。

以上就是给短视频起标题的一些常见的技巧，这些技巧可以帮助你获得更多的点击，也可以帮助你完成抖音的叠加推荐，进而收获更多人的关注。

除此之外，短视频标题还需要遵守以下几个基本原则：

标题一定要与内容匹配，否则会引起用户反感；标题中不要出现错别字，以免影响用户的体验；标题要言简意赅，切勿模棱两可，这样才能减少用户的阅读压力；标题的字数要适中，太多的字数会影响用户的视觉体验，同时也不利于用户快速读取。

总而言之，短视频的标题是决定其播放量的关键所在，我们只有把标题起好，才有可能获得更多的流量。

编撰好简介，让客户对你"一眼万年"

何为简介呢？顾名思义，就是对短视频账号的简单介绍。一个好的简介可以让用户立刻明白账号的属性和功能，能够激发用户的想象，使其留下深刻的印象，从而带来良好的被动流量。

一般来说，短视频的账号简介主要分为以下几种类型。

第一，传达某个观点和态度

比如，"SBS暖视频"的账号简介为"弘扬正气，让正能量洒满苏城"。

"可可的减肥日记"的账号简介为"高度自律，生活必多姿多彩"。

第二，功能介绍

比如，"历史影像THX"的账号简介为"致力于历史真实影像和老照片分享"。

"爱护120"的账号简介为"分享疾病科普，到康复护理知识，为您网罗健康医学领域新知识"。

第三，身份说明

比如，"神仙小分队"的账号简介为"我们是金融民工，一群快乐的逗逼，爱好单板、健身、跳舞……"

"北大博士树医生"的账号简介为"北京大学医学部泌尿外科博士，泌尿外科医生"。

第四，填写联系方式

比如"超级育儿师兰海"的账号简介里就填写了业务咨询和商务合作的

电话。当然，还有的账号在简介里填写直播的时间，推广自己的微博、微信号等。

第五，特长优势

"赋能育儿陈金平"的账号简介为"赋能教养、心理学、教育学研究25年，青少年素质、素养提升、家庭教育17年，唤醒赋能孩子的12项核心素质，激发孩子16项优势生命力，打造孩子32个习惯与能力，建构孩子106个区分，让孩子拥有独立思考的意识与能力，果断的行动力，对未知充满好奇和探究的信心与勇气"。

了解了简介的基本类型之后，我们还需要在撰写简介的时候绕开以下几个雷区：

1.啰唆复杂，故弄玄虚

在如今这个碎片化的时代，用户的注意力很难长时间集中在一个地方。如果短视频运营者把自己的账号简介写得絮絮叨叨，啰里啰唆，或者故弄玄虚，不知所云，那么一定会给用户带来很糟糕的阅读体验，从而把用户越推越远。

为了避免这样的情况发生，短视频运营者在撰写简介的时候一定要做到简洁明了，简单易懂，这样才能在这个信息过载的时代最大程度地留住用户。

2.养号期间不要放联系方式

一个新的抖音账号在建立之初不要急着在简介中放微信、QQ、微博等联系方式，这样不利于账号权重的提升。不过这也并不意味着账号简介里永远不能放联系方式，当你的粉丝数量达到一定的要求后，平台也会默许你这种行为。

3.措辞呆板，平淡无趣

个人简介要想吸引他人的眼球，就一定不能写得平淡呆板，否则会给人一种无趣的感觉。通常来讲，俏皮可爱的话术更容易博得大家的好感。

比如优质影视领域的账号"刘老师说电影"，它的个人简介就写得很幽默可爱："我是知识嗷嗷丰富，嗓音贼啦炫酷，光一个背景往那一杵就能吸粉无数的刘老师！"这段个人简介写得风趣幽默，而且还押韵，让人看后忍俊不禁，印象深刻。

高打开率的短视频封面是怎样设计的

选取短视频封面是短视频运营过程中非常重要的一环。优质的短视频封面可以第一时间抓住用户的眼球，从而使其忍不住产生点击的行为，而差的短视频封面则无法给用户留下好的第一印象，也无法激发用户的观看欲望，最后白白丢失了流量。

那么作为一个短视频运营者，怎么才能设计出高打开率的短视频封面呢？以下是几个实用的技巧。

第一，保证画面清晰

画面清晰是对短视频封面的基本要求之一。优质清晰的画面不仅利于机器更好地推荐，还有利于提高用户的点击率。

第二，封面要与内容有关联

封面要与自己所在领域的内容具有强相关性。比如你是美食领域的创作者，那么你就可以用看起来色香味美的食物做封面；如果你是舞蹈领域的创作者，那么你就可以用跳舞的图片做封面；如果你是化妆品领域的创作者，那么你不妨用口红、面膜、隔离霜等产品做封面……这样做的目的是帮助用户轻松了解视频想要表达的内容，以便其快速做出判断。

另外，为了第一时间抓住用户的眼球，短视频运营者还可以在封面里设计别的元素，以促使用户加快点击。比如，"君君辅食记"的账号封面设计得就很好，它在美食图片的基础上又添加了美观性很强的字幕，表明了辅食的名称，辅食的口感或功效，以及辅食适用的宝宝年龄，这样可以帮助用户很快筛选出想要的内容，从而降低了其时间成本。

第三，构图合理，画面美观

短视频的封面除了要求与内容贴合之外，还要讲求美观。一个构图不合理，画面不整洁，色彩搭配混乱的短视频很难给用户带来美的视觉体验，更加无法有力地抓住用户的注意力。反之，如果你的账号封面每一张都用心设计，且美轮美奂，相信一定会有用户为美的画面埋单的。

第四，封面勾起用户的好奇之心

人类的好奇之心古来有之，聪明的短视频运营者懂得利用人性的特点，在封面上设置悬念，以此勾起人们的好奇心，从而达到点击的目的。比如西瓜视频上有一个叫"搞笑社团"的账号里就有这样一张封面图：图片是明星杨幂当某选秀节目的评委时拍的，图片上还添加了几个显眼的大字"78岁冻龄女神，杨幂称为小姐姐"。

这个封面设置得很巧妙，首先画面中出现娱乐圈的顶流小花——杨幂的身影，这本身就很抢眼，再加上文字还告诉我们视频里有一个78岁的冻龄女神，就连有少女人设的杨幂都忍不住称其为小姐姐，这越发让人好奇，这个78岁的"小姐姐"到底有怎样的盛世美颜呢？为了一睹芳容，人们忍不住都会点击观看，最后这个短视频在这个封面的引导下妥妥地收获了30万的播放量。

第五，封面有视觉冲击力

为了争夺流量，很多短视频运营者故意在封面上放一些反常、惊悚，或者夸张的图片。比如一个带着人脸面具，看起来惊悚诡异的稻草人，一位眉毛夸张的大爷，一个拥有小孩脑袋大人身子的"怪人"。这些图都有一个共同点，那就是给人一种强烈的视觉刺激，用户就是不想把注意力放在它们身上都难。最后，这些封面图片也理所当然地凭借具有视觉冲击力的元素轻松获得巨大的流量。

第六，封面统一风格

有些短视频运营者为了强化IP形象，加深用户对自身账号的记忆，会主动摒弃浮夸狗血的设计套路，转而为自己账号的封面设计一套统一的模板和风格。比如，"蘑菇头表情"的账号是以短视频的主角蘑菇头做封面形象的；"李科成"的账号是以"人物（李科成老师）＋文字（统一放在正下方）"的模式作为封面图片的。

这样做的目的，一是符合平台的垂直化要求，有利于提升短视频的推荐量；二是可以加深用户的记忆，有利于自己品牌的宣传。

第七，无水印，无广告词汇

短视频的封面不能打广告，也不能有水印，这是短视频平台的硬性要求，所以大家不要"顶风作案"，否则短视频都不能过审，更加无法获得平台的推荐。

以上便是制作短视频封面的几点建议，为了获得更好的关注度和推荐量，大家一定要把握好上面提到的这些细节问题，并熟练运用各种吸睛的套路，这样你的短视频账号才能做得风生水起。

第三章

技术解读：

你不可不知的短视频"潜规则"

深度解析短视频让人上瘾的内在逻辑

如果你是一个短视频的深度爱好者，一定有深陷其中无法自拔的经历。那么为什么会出现这样的现象呢？前面我们也提到过因为短视频总是给我们一种积极的正面反馈。这一节，我们深度解析一下短视频为什么总能给人们积极的正面反馈呢？换句话说，短视频让人上瘾的内在逻辑到底是什么？

众所周知，每个人在浏览短视频的时候都会有自己的行为习惯。比如，点赞某类短视频，在某个短视频的下方留言，或者觉得某个短视频账号不错，还会点击关注，成为该账号的粉丝。

此时，系统会默默地记录你的行为习惯，然后给你贴上标签，同时它也会根据你的标签，给你推荐一些你自己感兴趣的内容。比如，你喜欢点击育儿领域的视频，并且看到实用的育儿干货会主动点赞、转发，那么类似"宝宝""育儿""早教""辅食"等词汇便是系统给你的标签。短视频会根据标签给你推荐更多你感兴趣的内容。大部分人对于自己喜欢的东西都没有抵抗力，所以短视频刷着刷着就停不下来了。

另外，如果你是一个短视频领域的创作者，系统也会根据你的昵称、短视频标题，以及短视频内添加的字幕给出符合你身份的标签。这里的标签，其实就是指短视频内容的关键词。

为了你的短视频能够更为精准地被推荐给对你内容感兴趣的用户，首先，你所更新的内容必须垂直化，否则你的短视频会被机器人贴上不同的标签，然后分发给不同的人群。这样一来，你的粉丝就过于分散，不够精准，将来变现的难度也会跟着加大。

其次，你在给短视频起标题的时候，一定要提炼短视频内容的核心要点，且标题里面的关键词必须在你所在领域的范畴。比如，你是摄影领域的创作者，那么你的标题写"夕阳拍摄小技巧"比"夕阳无限好，只是近黄昏"更好一些，因为前者提炼了短视频内容的核心关键词，且关键词"拍摄"也在摄影领域的范畴，因此更有利于强化标签的认知度。

再次，标题里的关键词不能过多，也不能太少。多了导致标签没有重点，推送的时候无法抵达精准用户那里，少了也会影响系统的推送和分发。一般来说，一个标题里关键词有两三个就比较合适了。

最后，大家需要知道的是，平台对于热点话题比较友好，给一定的流量倾斜，所以大家在拟定关键词的时候，可以恰如其分地加入一些热点关键词，这样有利于提升你短视频的曝光度。

比如，疫情期间，抗"疫"英雄钟南山成为热点人物。很多短视频领域的创作者都在想方设法把"钟南山"这个关键字和自己的作品挂钩。绘画领域的作者，用自己的专业特长画钟南山的画像，泥塑创作者也用一双巧手在致敬我们民族英雄钟南山。最后，因为短视频里有这些热点标签，所以获得了平台很大的推荐量，一时间蹭热点的账号吸粉无数。

以上便是短视频让人上瘾的内在逻辑的介绍，以及针对这个逻辑，创作者们需要注意的事项。大家以后在创作短视频的时候，脑子里不光要思考内容的吸引力，更要重视标签的重要性。这样你的短视频才能展现给更多的精准用户。

论各大短视频平台推荐机制的异同

经常玩短视频的人一定会发现这样一个奇怪的现象：同样的一个作品，在同一时间发布到不同的平台上，为什么播放量、点赞量、评论量会有很明显的差距呢？其实究其根本原因还是因为各平台的算法推荐机制有所差异。下面我们以短视频最大的两个平台——抖音和快手为例，分析一下二者的异同之处。

1.抖音推荐机制

抖音的作品上传之后，首先会迎来第一轮的机器检测，这一轮的初步审核中，如果发现视频画面、标题关键词中有一些违规的内容，比如暴力、色情、血腥等，就会进入人工检测的模式，检测情况属实，那么平台就会删除视频，甚至封禁账号。

如果机器检测不存在违规内容，那么平台会进行下一步的操作：画面消重和关键词匹配。抖音经过一系列人脸、肢体动作等识别、抽帧对比等，以判断你的内容是否是原创。如果在消重过程中，你的作品被判定了照搬或者内容重复，那么毫无疑问，这个作品不会获得高流量的推荐，仅仅粉丝和自己可见。

如果内容不重复，那么平台会根据你的标题关键词匹配给较为精准的、具有相同属性标签的在线用户。在这个二三百的初级流量池里，如果用户观看完你的视频反响平平，那么你的短视频势必不会获得更好的推荐，只能止步于此。

反之，如果你的短视频分发出去，点赞率、评论率、转发率、完播率、关注率比较好的话，平台会进行二次推荐。你的二次推荐反馈良好的话，平台会依此类推，进行叠加推荐。

一般来说，抖音推荐会经过以下六个阶段：种子期（200~500）—初始期（1000~1w）—小爆期（1w~10w）—中爆期（10w~100w）—大爆期（100w~1000w）—完爆期（大于1000w）。

不过，大家需要知道的是，抖音作品经过层层引爆之后，也会有到了流量触顶的时期。即便高质量的作品也不会一直被推荐下去，一般来说推荐不超过一周。之后，爆款视频乃至整个账号都会进入冷静期，后续作品很难达到自己的推荐量。

另外，抖音还有一个后期引爆的机制，俗称"挖坟"。此为何意呢？即一个优质作品发布上去之后，在短期内反响平平，后期抖音会重新在数据库里把这个优质的老内容挖出来，给其更多的流量，这个时候账号因为累积了足够多垂直的内容，标签也更加清晰化了，系统就能够给作品找到更多精准的用户，所以前期的优质作品便重新获得了爆火的机会。

2.快手推荐机制

相对于抖音沉浸式的体验，快手切换短视频的成本会更高一些，因为它不像抖音那样，划完一个短视频，紧接着另外一个短视频就映入眼帘，快手浏览短视频有点像逛朋友圈，在瀑布流中找到一个短视频，点击观看，看完之后还需要退出来，重新再找下一个短视频。

除了切换视频的动作不同之外，快手与抖音另外一个不同点就是：抖音只有关注页和推荐页，而快手在关注页的基础上增加了发现页和同城页。快手的作品发布之后，经过和抖音类似的审核之后，可以同时推荐给关注页、发现页和同城页。

当被推荐的作品有了很好的反馈时，即点赞量、播放量、评论量达到某个标准时，它会给你进一步的推荐。不过因为快手设置了一个阈值，使得发布在其上面的热门视频很难达到像抖音那样千万级的播放量。

这也就意味着快手不会把大量的用户资源都分配给头部用户，而是把这块有限的蛋糕也分给普通用户，使得每个人都有了展示自我的机会。由此也可以看出，抖音的算法逻辑是以热度优先，而快手的算法逻辑则是公平普惠。

当然，也正是因为二者的推荐算法不同，使得抖音变成了"精致的台上表演"，快手变成了"平凡的街边才艺"。前者更侧重看官，后者更偏向草根用户。

以上就是抖音和快手的推荐机制的详细介绍。作为一个短视频创业者，我们只有了解并熟练掌握了这其中的"潜规则"，才能在竞争激烈的短视频市场上分得一杯羹。

提高账号权重的几个神操作

每一个短视频创业者都有一颗上热门的心，不过在如今这个竞争白热化的市场环境下，上热门并不是一件简单的事情。通常来说，一个短视频能否上热门，影响因素有很多，其中一个很重要的隐性因素便是账号的权重。

何为账号权重呢？即一个账号在平台中的权威程度，具体来说就是指在平台里的一项内在数值。对于一个账号来讲，权重的高低对它起着至关重要的作用。

首先，权重影响着短视频的推荐量。同一质量的短视频，如果发布在一个新号上，可能初始的播放量只有四五百。但如果放在另一个权重更高的新号上，那么可能就是上万的播放量了。另外，如果作品反馈不错的话，那么这个视频会放进一个更大的推荐池，从而形成一个小热门。

其次，高权重的账号更容易被用户搜索到。比如，用户输入某个和你账号昵称相近，或者话题相关的关键词，你的短视频就会在靠前的位置被展现。

比如输入关键词"摄影"，则搜索出来的昵称中包含有"摄影"，且排在前面的账号分别有"摄影讲师李小龙""蔡仲杨手机摄影"（除了一个花钱推广的账号之外）。而排在前面的这几个账号均是百万级粉丝的大号，它们权重高，可曝光的机会自然就更大一些。

一般来说，一个账号刚建立之初是不可能有高权重的，系统分给你的权重分大概只有400。不过这也并不意味着你的账号就没有希望。在你成为一个短视频博主之前，你一定要充分做好准备，紧紧抓住系统给新账号的前5条短视频的流量扶持，如果前5条短视频的播放量达到5万以上，那么你账号的权重也会有一个质的飞跃。这样在高权重的加持下，你以后上热门也会变得更加容易。

反之，如果一个新账号上传的作品在一个星期内播放量持续低迷，没有超过100，那么这个账号的权重几乎可以忽略不计，而你的账号也会变成僵尸号，就算有粉丝，官方也不予推荐。这个时候弃号重建才是最明智的选择。

另外，当你的作品在一个星期内只有一二百的播放量时，会被系统判定为最低权重号，这个时候你最应该做的就是不断提升短视频质量，以免在低级流量池里徘徊，最后不得不沦为僵尸号。

当然，如果你的短视频播放量能达到1000~3000，那么系统会判定你的账号为待推荐账号，并且把你的作品放在一个等待推荐的流量池里面。这个时候，作为一个短视频创作者，我们最应该做的就是抓紧时间在垂直领域更新出更高质量的作品，除此之外，我们还可以积极参与热门话题，并且艾特官方小助手，或者使用一些比较热门的音乐，以此来提升短视频的推荐量。

比如，抖音账号"旺华家庭教育"在发布的一个关于培养孩子创造力的短视频里就参与了多个热门话题："家庭教育""亲子""育儿""家风家训"，最后在结尾处还特意@了一下抖音小助手。这样做可以大大提升自身短视频的推荐量。

在经过种种努力之后，如果你的短视频播放量持续在1W以上，那么恭喜你，离热门又近了一步。此时你的账号为待上热门账号，这个时候你不妨蹭蹭热度，找抖音参与人数最多、最火爆的话题来参与，也可以使用最新的道具和贴纸，还可以使用热门音乐，或者找最新的达人合拍，这样可以提升你上热门的概率。

以上便是判断账号权重高低的一个基本依据。作为短视频运营者，把一个最低权重号做成一个待上热门账号，是一件不容易的事情。在此升级打怪的过程中，大家还需要做好以下几件事情，这样才能不断提升账号权重，从而做好上热门的基本准备。

第一，账号实名认证，完善个人信息

一般来说，经过实名认证的账号权重高于未做任何认证的账号权重。另外，为了更好地提升账号的权重，大家还要尽快地完善个人信息，绑定手机号码。在此需要注意的是，新账号在完善个人信息的时候，切勿填写个人微信、QQ、电话号码等，也不要在签名一栏推广任何产品，否则会被官方打压的。

第二，学会养号

作为一个新号，一定要保持足够的活跃度，比如你可以每天观看同领域的短视频、直播，也可以在观看的过程中给喜欢的视频点赞、留言、转发等，另外看到喜欢的账号要记得关注，这些东西都有利于提升账号的活跃度，当然，这也是新人养号必不可少的操作。

第三，提升短视频的质量

短视频创作者要想自己的账号收获更多的播放量、点赞量、评论量，获得较高的权重，首先得把好短视频的质量关。只有你的作品受欢迎了，你才能具备上热门的基本条件。

第四，保持作品的垂直度及原创性

有些短视频创作者为了省事，会凭空搬运别人的作品，也有些人在没有好的选题时会随手拍一些与本领域无关的内容发布上去，这些行为都会严重影响到账号的权重，大家一定要避而远之。

除此之外，恶意刷播放量、评论量、点赞量等行为也会遭到平台的降权打击；在账号没有做起来之前，就迫不及待地在短视频里推广产品，也会让账号降权。所以大家一定要避开这些雷区，切勿轻易踩踏，否则就会前功尽弃，走向死胡同。

账号限流？教你几个解除"封印"的好办法

俗话说："行有行规，道有道行。"每个人都应该遵守行业的规则，就算你选择自主创业，投身短视频创作也不能例外。在短视频领域里，如果你有如下几个违规操作，就会遭到平台的降权打击以及内容限流。

第一，账号本身存在问题

我们前面也说过，如果你的新账号在设置的时候刻意留下联系方式，那么就会有被平台降权和限流的风险。另外，如果你的账号里有违禁词，或者个人信息频繁修改，登录地址和登录设备频繁更换，用同一个无线账号同时登录5个以上账号，用同一个手机批量注册多个账号，那么都属于违规操作，是不被平台允许的。

如果你因为类似的错误操作而被平台限流，那么解决问题最简单的方法就是杜绝不当行为，按照平台的要求恰当操作，平时多进行账号互动。

第二，短视频内容不当

有些运营者为了最大程度地吸引用户的眼球，不惜用一些夸张的标题，或者敏感低俗的内容，这样的行为无异于饮鸩止渴，得不偿失。对于这些不易收录的内容，审核很难通过，有的时候即便侥幸发表成功，也会因为用户的举报而被限流或屏蔽。

另外，如果你的短视频内容里有明显的营销广告，或者涉及微信、微博、商品Logo、二维码、手机号、其他APP水印等，都会被平台抵制。

平台一旦识别你发布的广告过多，后续系统将会减少对你作品的推荐。

当然，还有一些用户不太熟悉平台的规则和调性，在发布内容的时候不加甄别，把一些带有负能量的、消极的、不符合社会核心价值观的东西传递给用户，这与记录美好生活的抖音的初衷相背离，很容易被平台拦截，所以大家不要随意挑战平台的底线。

最后，短视频运营平台还忌讳创作者搬运或者伪搬运。一个搬运的短视频内容一旦被平台检测到，或者被他人举报，轻者被降权限流，重者封号。

作为一个短视频运营者，为了账号的长远发展，一定要杜绝以上种种违规行为。当然，如果你因为对规则不太了解，不小心被限流了，那也不要着急，只要平台不封号，那就还有挽救的可能。大家在收到系统的违规提醒之后，一定要规避之前的错误行为，然后花大概一个星期的时间养号。

当然，有的时候，我们也会被平台误判，导致限流，这个时候大家可以通过官方提供的申诉渠道为自己维权。

第三，违规互动

刷粉丝、刷播放量、刷转评赞都是短视频平台不允许的，如果你为了上热门而选择走这样的捷径，那么很容易被系统检测到，从而被限流，最后可谓是偷鸡不成蚀把米。

当然，为了避免有刷流量的嫌疑，我们最好不要频繁点赞、转发，更不要在视频未看完的情况下点赞、转发，也不要在短时间内快速批量地回复评论。另外，在评论区回复网友的时候不要使用一些负能量的言论，更加不要用言语辱骂别人。还有一点，在私信回复别人的时候不要填写个人联系方式和购物链接等。

如果你因为以上这些不当的互动而遭到他人的投诉，那么接下来一定要规规矩矩删除不当言论，然后按照合规的流程继续养号，争取早点获得平台正常的推荐。

第四，其他

短视频创业的早期就是摸着石头过河，有时大家拿捏不好系统推荐机制，一不小心就被限流了。比如发现已经发出去的作品不满意，于是频繁删除；发的内容不够垂直，东一榔头，西一棒槌，作品的方向比较混乱；发送的视频时长不够，不能完整表达；短视频像素模糊，用户感官体验不好……

如果因为以上这些操作导致限流，那也不必着急。发现不满意的视频，不必频频删除，可以隐藏；如果在发短视频的过程中非常迷茫，不知道该如何做，那就先关注一些同类型的大号，在大号中汲取经验，在自身的失败中总结教训，最后经过千锤百炼，一定能获得最后的成功。

这样做可以让你的短视频获得更大的推荐量

一个短视频能否上热门，与平台的推荐量有很大的关系，平台推荐量越高，上热门的概率就越大。

那么，作为一个短视频运营者，怎样做才能获得平台的大量推荐呢？以下是几个可行的建议。

第一，精准定位，打造高垂直账号

在做账号前，大家一定要考虑好这几个问题：我要做哪个领域的内容？我做这些内容打算给哪类人群观看？我的短视频内容能给目标用户带来哪些价值？只有考虑好这些问题，才能给自己的账号做一个精准的定位。当然，账号只有有了精准的定位，才能保障后续会持久产出高垂直化的内容。

一般来说，定位越精准，账号垂直度越高，越容易被系统精准匹配给目标用户，从而形成良性互动。而有了良性的互动，你的短视频内容便会获得平台更大的推荐量。

第二，保持活跃度

在碎片化的时代，各个短视频创作者都在绞尽脑汁，争夺用户的注意力。如果你在很长一段时间里都不更新作品，那么很难培养粉丝的黏性，更加无法促使其对你的账号产生深刻的印象和良好的互动。此外，如果你的账号不保持定时更新，那么对于平台而言，肯定不会对一个没有"存在感"的账号凭空给出更多的推荐量。纵观那些高推荐量、高播放量的账号，大多都内容优质，且活跃度更高，能够迅速占领用户的心智，最后定时观看其短视频内容，成为用户休闲娱乐必不可少的一部分。

第三，产出优质的原创内容

如今各类短视频平台林立，参与创作的人数不胜数，那么作为一个短视频运营者，如何才能在竞争激烈的短视频市场上攫取超级流量？其实优质的原创内容才是制胜的关键所在。

与搬运或伪原创的作品相比，优质的原创更容易获得用户的青睐，而且各平台为了用户能在第一时间获取新鲜的内容也会不遗余力地保护原创账号，并且给那些持续产出优质原创内容的账号提供更多的流量扶持。

比如，抖音搞笑领域的账号"毛光光"在一年半的时间，凭借着113个作品，轻松俘获了1027.7万的粉丝，获得了9962.3万的点赞量。这个不俗的成绩得益于其账号高质量的内容产出。

关注过这个账号的粉丝一定都知道，这是一个光头男孩一个人撑起一台戏的账号，账号里的这个光头主角长相清秀，演技了得，反串不同身份的女性角色，神态动作拿捏到位，语言性格模仿得惟妙惟肖。

另外，剧情夸张中带着幽默，幽默中带着讽刺与暗示。它在逗观众哈哈大笑的同时又巧妙地隐射了现实生活中人性的美与丑。这个账号正是因为有了这些优质原创内容的加持，使其推荐量一直居高不下，而其粉丝也跟着推荐量水涨船高。

第四，想方设法加深与用户之间的互动

一个短视频是否受欢迎，从其发布之后获得的点赞量、评论量、转发量中就可以看出来。而一个短视频与用户互动量越大，越容易获得平台的叠加推荐。

所以，为了能够最大程度地获得曝光量，大家应该想方设法加深与用户之间的互动。通常来说，设计醒目吸睛的封面、设置有争议的话题、给用户提供有价值的内容、特意@某一类人群等都可以提升互动度。

第五，提升播放量和用户的关注度

好的数据反馈是短视频受欢迎程度最直观的体现，同时也是系统进行二次推荐的关键所在。那么对于短视频运营者而言，怎么做才能提升自己作品的播放量和转化度，从而留给系统一个好的数据反馈呢？

首先大家要做的第一件事情就是查看自己的账号有无异常，如果账号出现问题，那么就会有被限流的可能。

其次要尽量提升账号权重。一般来说，同一质量的短视频内容，账号的权重越高，推荐量和播放量就越好。

另外，促成用户路转粉，你可以这样做：账号不断提供给用户有价值的信息；用账号的人格化拉近与用户之间的心理距离，从而促使用户关注；替目标用户发声，引发其情感共鸣；制作系列视频，让用户欲罢不能。

比如，抖音优质搞笑领域的账号"川哥哥"里面就拍了一系列的夫妻搞笑合集。这个合集的各个部分承上启下，紧密相关，同时每个部分又相对独立，且搞笑幽默，令人捧腹大笑。用户在看到其中一小部分的爆笑片段之后，欲罢不能，忍不住想点击关注，查看更多有趣的部分。

以上就是提高短视频推荐量的五个可行的方法。如果你也渴望自己的作品实现病毒式传播，那么就抓紧时间行动起来吧，相信使用这些方法，可以帮助你更好地获得平台的推荐。

第四章

心理战术：

一个优质短视频生产达人的自我修养

用情感共鸣与用户产生链接

菲利普·科特勒在《营销革命3.0》一书中曾经提到这样一个观点：被网络连接的消费者，越来越像一个具有共同精神追求和普世价值观的立体的"人"，我们需要超越琐碎而狭隘的"营销技术与手艺"，将"交换"与"交易"提升为"互动"和"共鸣"。

的确，在现代这个新的环境下，一个短视频博主要想打造一个爆款作品，也需要像一个营销家一样，深谙用户的情感价值，懂得用共鸣感和用户建立情感互动，这样更容易触动用户的内心，从而使其产生关注你的冲动。

那么何为情感共鸣呢？《简明心理学辞典》对情感共鸣含义的解释是这样的：它是指在他人情感表现或造成他人情感变化的情境（或处境）的刺激作用下，所引起的情感或情绪上相同或相似的反应倾向。

换句话说，就是当一个人看到另外一个人在某种情景下产生兴奋或悲愤等情绪时深受感触，也会产生与之类似的情绪体验。

比如，当我们在刷短视频的时候看到这样一个情形：一位高速收费的年轻姑娘因为被司机谩骂前一秒还哭得梨花带雨，但是因为工作需要，下一秒又不得不擦掉泪水，调整呼吸，保持微笑。这个时候我们深受触动，联想起了自己在生活中遇到的类似委屈和无奈，于是和那位姑娘一样心头一酸，产生同样很难过心酸的情感体验。这就是所谓的情感共鸣。

身为一名短视频创作者，你也可以利用情绪共鸣这个点来套路用户，使其对你的短视频内容产生深刻的印象。一般来说，通过以下几种方法，可以成功激发用户的情感共鸣。

第一，为特定的目标群体发声

不同的群体、不同的阶层都有自己类似的烦恼或者困惑，比如全职妈妈这个群体的苦恼在于带娃、家务全包，每天忙到怀疑人生，但是很少有人能肯定其价值；主张独身主义的年轻人，其困扰在于自己有理想的生活方式和奋斗目标，但是旁人无法理解，一味地催促其结婚生子，活成一副传统的世俗模样；一个成年父母的苦恼在于投身工作，陪伴不了孩子，陪伴了孩子，养活不了家庭。总之，每一类群体、每个阶层都有自己的困扰，以及潜藏在内心的无奈。这个时候短视频博主若是能眼光敏锐，善于捕捉他们的心声，并通过某个特定的情景表现出来，那么你的短视频一定能获得他们的认同感。

比如，优质育儿领域的账号"又妈爱说"里就有这样一个有关生二胎的话题。大家都知道在现实生活中，总有很多人会打着为你好的名义七嘴八舌地劝你生二胎，但是二胎的出生对于外人而言无关痛痒，他们无须为你将要承担的责任兜底，真正需要倾尽心力付出的是孩子的亲生父母。

所以关于要不要生二胎，又妈说出了大部分被催生女性憋在心里的一句话："把你给欠的，自己咋不生呢？"同时她也旗帜鲜明地站在被催生者的角度说话："我很确定，这是我的事儿，你爱说什么说什么。"这句话一下子戳中了很多人的心声，因此获得了很高的点赞数和评论量。

第二，讲述一段共同的经历

身为"80后"的我们，如果在短视频里看到一段黑白影像、几颗大白兔奶糖、一本泛黄的语文课本、一辆老式二八大杠自行车、一首悠远的经典老歌，一定会激动得热泪盈眶。为什么会有这么强烈的情感共鸣呢？因为那些东西代表着大家永远失去的青葱岁月，代表着过去那些难忘的经历。

从中我们可以获得一个启示：讲述一段共同的经历，或者展示某个承载着共同人生经历的物件，可以迅速激发用户的情感共鸣，同时也可以使其对短视频内容，以及账号产生一种别样的亲切感。

比如，快手账号"大劈叉"围绕童年记忆的主题制作了一系列短视频，这些短视频里有笨重的录音机，有鲜红的大棉袄，有欢乐的跳房子游戏，有烤得热气腾腾的土豆……这些共同的童年经历成功激发了人们的怀旧情怀，大家也在追忆童年的同时不自觉地为该账号贡献了大波的流量。

当然，你还可以像抖音账号"今心"那样，在短视频里为用户分享一段普遍大众都有过的类似的扎心经历：一个孩子在学校的浴池洗澡，结果摔得手臂骨折，尽管他手臂剧烈疼痛，但是为了避免刀子嘴的家长责骂，他还是忍着剧痛回家干活、吃饭、睡觉。

这样心酸的经历其实是很多人都曾经有过的。因此，这个真实的故事分享完毕，很多用户都产生了强烈的情绪共鸣，大家在评论区纷纷表示感同身受，并积极地分享自己类似的心酸过往。

第三，分享共同认可的价值观

有道是："酒逢知己千杯少，话不投机半句多。"在日常生活中，如果我们碰到一个"三观"不一致的人，双方肯定很难说出一些有共鸣的话，甚至一言不合就相互厌烦。相反，如果我们碰到一个"三观"一致、志趣相投的朋友，一定会有说不完的话题，并且还会碰撞出无数个感同身受的瞬间，其实这就是所谓的情绪共鸣。

短视频博主要想激发目标用户的共鸣感，也可以分享一些其认可的价值观。比如，抖音账号"天下婆媳"里有这样一个点赞量超高的短视频内容：

5月20日那天，婆婆问儿子，是否给自己的媳妇买礼物，儿子回答："我们俩都老夫老妻了，买啥礼物。"婆婆听后叹了口气，语重心长地引导儿子，西兰花尚且需要放到冰箱里保鲜，更何况爱情呢？

接着她说出了一段天下女人简直不能再认同的话："想当年，你追你媳妇的时候，恨不得每天都是情人节，天天给人买花送礼物，这咋地，结了婚就变了？她把最好的青春都给了你，从喜欢玫瑰花的小女孩变成了只为西兰花讲价的女人。儿子，男人的态度决定女人的心情，女人的心情决定咱家的温情。日子虽然平淡了，但是爱情还得需要惊喜来保鲜。"

短视频里的这个婆婆将很多女人都认同的生活仪式感阐释得淋漓尽致，很多网友听了都表示感动得热泪盈眶，直言这个婆婆说的太对了。而这个短视频也凭借着极具认同感的观点和用户强烈的共鸣感获得了121万的点赞量。

以上就是激发用户产生共鸣的三种方法。大家在使用这些方法的时候，记得先给目标用户定好位，然后根据目标用户的需求和痛点寻找用户与短视频之间的共鸣点。在此过程中，一定要确保所写的短视频文案是走心的，这样才能真正地打动用户的内心，从而使之成为你账号的铁粉。

利字当头，巧妙牵引用户敏感的神经

之前听过这样一则笑话：一天晚上，有个人去银行的ATM机存款，这时恰巧机器发生了故障，他的一万元钱被吞，焦急之下他把情况报给了银行，谁料银行工作人员竟然一副不紧不慢的样子，要他等到天亮再说。

心急如焚的他可等不了那么久，左思右想之后，他想到了一个好办法：使用公用电话，致电银行客服，告诉他们自己取钱时ATM机多吐出3000元，银行工作人员听后立即派出维修人员赶到这里。

这个笑话告诉我们一个很现实的道理：要想引起别人的重视，首先得触及他的利益。

其实做短视频也是一样的道理，如果你能把自己的作品与别人的利益联系在一起，那么别人一定会在利益的驱使下对你的短视频内容产生兴趣。

通常来说，短视频博主可以从以下三个利益层面构思作品，以此来提升用户的点击量和观看欲望。

第一，以经济利益作为切入点

对于大部分的上班族而言，收入水平直接决定着其生活水准。每个人都希望自己能拿着丰厚的物质报酬，过上自己理想中的高品质生活。这一点毋庸置疑。

因此，短视频博主可以利用人们的这一心理特点，在短视频内容中加入有关"月薪过万""赚钱""加薪"等话题，这样用户看到与自己利益息息相关的东西，自然会点进去观看。

比如抖音账号"一只小松果"里就有这样一个短视频标题："还在等公司主动加薪？别傻了。加薪技巧送给你。"

这个短视频既贴切地点出了当代年轻人常见的职场困扰——如何让公司主动加薪，同时又给出了切实可行的三点加薪技巧。这对于那些对目前的薪资不满意，但又苦无加薪之策的年轻人而言，简直是雪中送炭，试问谁会错过一个传授你加薪良策的短视频。

再如，抖音账号"灵机一动"里有这样一个短视频标题：这5款网站能帮你月薪过万，不信你也试试。很多拿着底薪，挣扎在贫困现状里的人看到这样的标题，怎么会不心动呢？他们会想：真的有帮助我月薪过万的网站吗？是什么样的网站究竟这么有用？我一定要看看。于是在金钱利益的驱使下，他们大多都会点开短视频观看。

另外，抖音账号"周文强文化网络公司"里也有这样一个充满诱惑力的标题："如何用1W赚取1000W？"每个人都有赚大钱的欲望，企图暴富的人们对这种一本万利的赚钱技巧丝毫没有抵抗力。因此，这个以利益为诱饵的短视频吸足了人们的眼球，捕获了巨大的流量。

第二，用实实在在的好处打动客户

所谓的"利益"二字，其实包含的内容非常广泛。除了金钱物质外，还可以指代各种各样满足自身欲望的东西。比如权势、情感、荣誉、地位等。只要是能给用户带来实实在在的好处，那就是其利益之所在。作为一名短视频博主，你需要脑洞大开，想方设法把你的作品与目标用户最关心的利益点联系在一起。

比如，抖音账号"大鹏健身减肥规划师"里有这样一个短视频标题："十倍减肥效果HIIT，让你一个月暴瘦十五斤不是梦。"这个短视频很明显是教用户如何快速瘦身，从而享受苗条身姿所带来的愉悦感的。"一个月暴瘦十五斤"无疑一下子戳中了那些想减肥的人的利益点，于是在减肥欲望的驱使下，大家纷纷点击观看视频，以便从中寻求快速变瘦的运动秘籍。

再如，快手账号"王森爱美"里发布了一条标题为"化妆师都不会告诉你的化妆小技巧"。很多化妆小白的经验值几乎为零，如何使用化妆技巧变美一直是她们内心向往的事情，当她们看到"化妆师都不会告诉的化妆小技巧"时，内心的第一反应很可能是这样的：这是一个教我化妆技巧的干货分享，学会这些也许我的化妆技能会有很大的提升呢！

这里的化妆技巧对于她们而言，已经是一项与自己利益息息相关的技能了，有了这项技能傍身，自己可能距离美又近了一步。所以面对这份实实在在的好处，很少有人会拒绝点击观看。

还有抖音账号"赋能育儿陈金平"里有一条关于"如何让爸爸自愿地做家务"的短视频内容，里面详细介绍了三种促使爸爸们主动承担家务的实用方法：第一，像哄孩子一样哄着他；第二，人前人后使劲地夸；第三，恩威并举，双管齐下。

这三种方法具有很强的可操作性，且每种方法都有详细的案例辅助说明，它们可以很好地帮助那些在家中独自承受全部家务，苦不堪言的女性朋友寻找到解决问题的办法。所以，对于那些已婚女性而言，这其实也是一种实实在在的好处。如图4-1所示。

第三，以地域利益吸引精准客户

在很多短视频APP的首页里面都有一个同城的功能，短视频博主可以利用这个功能为同一个地域的用户制造一点福利。比如下面这几个抖音账号就是以地域利益引进精准客户的。

账号"伴随天真"的一则短视频这样写道："调试设备，奶茶店准备营业了，宠粉福利，同城到柳邕路4号报我抖音名字有折扣抽免费送名额。"

图4-1　抖音账号"赋能育儿陈金平"的短视频

账号"@年轻人H坤"的短视频内容是这样的："很欣慰虽然很累，同城刷到点赞评论开业大吉，抽取送奶茶送礼物。"

账号"@奶茶店的小奶茶"在短视频里这样写道："珍珠奶茶真好喝！老板娘邀您加关注进粉丝团，同城过来拿杯珍珠奶茶！哈哈，豪横。"

上面的这些店铺都是以地域利益为诱饵，吸引同城用户点赞关注，以此提升门店的关注度和销售量，从而达到盈利的目的。

俗话说："天下熙熙，皆为利来；天下攘攘，皆为利往。"在如今这个物欲横流的时代，很多短视频博主都明白利益对于目标用户的重要性，所以他们经常以"利"牵头，巧妙地牵引用户敏感的神经，从而轻松地获取他们关注的目光。

借用用户的好奇之心，点燃其关注的热情

1931年，著名京剧演员梅兰芳受聘到上海演出。虽然当时的梅兰芳在平津一带很有声望，但是对于听惯沪剧和绍兴戏的上海人而言，唱京剧的梅兰芳还很陌生。

为了让这场演出取得理想的效果，聪明的戏院老板花了大价钱买下了上海一家很有名气的大报纸的头版头条，然后连续三天，用报纸的整个版面刊登"梅兰芳"三个大字。上海人民见报之后，大为吃惊，纷纷猜测：这个梅兰芳究竟是谁？他究竟要干什么？有人想一探究竟，就把电话打到报社，但是报社那边守口如瓶，只说"无可奉告"。这下人们越发疑惑了。

后来到了第四天，报纸的头版上依旧写着"梅兰芳"三个大字，只不过在其下面又多了一行小字："京剧名旦，在丹桂大戏院演出京剧《彩楼配》《玉堂春》《武家坡》。××日在××处售票，欢迎光临。"

至此，人们虽然明白了报纸刊登梅兰芳的用意，但是大家对于梅兰芳的演出更加好奇了。所以在好奇心的驱使下，大家将剧院的票一抢而空，老板也因此赚得盆满钵满。

这是一出很典型地利用人们的好奇心成功营销的案例。从中我们也可以受到一些启发：做短视频，为用户提供一些稀有的内容，可以很好地满足其好奇之心。而他对某个领域的好奇之心一旦开启，为了获取这个领域更多的秘密，自然会点击关注的你的账号，这个时候你的账号主页就会留

下他更多的足迹。

一般来说，以下这几个类型的内容都可以很好地引发用户的好奇心。

第一，明星私生活

一直以来，明星都是活在电视屏幕前的一个特殊群体。其光鲜亮丽的背后究竟是什么样子的，普通人根本接触不到，因此很多人都会好奇，日常生活中的明星究竟是什么样的穿衣打扮，他们又有什么样的情感经历等。总而言之，一切未知的东西都是人们好奇心的来源。

针对人们的这一好奇心理，很多短视频创作者专门发布一些明星私生活的图片和视频，以此吸引大众的目光。比如在抖音有一个叫"明星现场"的账号，它里面就发布了很多明星未经PS的真实照片。点开其个人主页，我们可以看到活动现场平易近人的何炅老师，公交车上和蔼可亲的"容嬷嬷"李明启，篮球场上的"乔大侠"黄日华……大众看到这些昔日荧屏上的经典形象，在私下的生活中又有一番别样的风采，于是大大满足了猎奇的心理。

第二，国外风土人情

人们常说所谓的旅行就是从一个自己待腻了的地方走到别人待腻了的地方去。那么人们为什么会对别人待腻的地方感兴趣呢？其实说白了就是好奇心作祟。大家对于未知的世界保持天然的好奇之心，所以总想走过去看一看，了解了解。

而对于中国人而言，外国的风土人情自然是很少触及的，所以大家总是抱着一颗好奇之心想一探究竟。快手上有一个名为"侣行"的账号，该账号里面记录的都是张昕宇和梁红两个人在世界各地旅行时的所见所闻，在这里面你可以看见马鲁姆的火山，也可以看见战斗民族的晚餐——生吃马肝，还可以看到世界工程的奇迹——巴拿马运河，更可以看到埋藏千年文明的玛雅遗迹……

国外的种种奇闻逸事吸引着大众的目光，大家为了更多地了解世界各地的奇观异景都忍不住发展成为"侣行"账号的忠实粉丝。

第三，过往历史

在时间洪流的冲刷下，历史长河中的人和事儿早已像过眼云烟一般，随风消散了。不过这并不能减少人们对它的好奇之心，以及探索的热情。生活在现代的人们依旧好奇古代的人的样貌长相、衣着打扮、生活方式等。当然，正是因为有了人们对厚重历史的这份好奇之心，才使得抖音账号"历史影像"在上线一年时间就收获了135.8万粉丝，已发布的作品获得了926.3万的点赞。

打开"历史影像"这个账号，我们可以看到100多年前的格格，80多年前的中国百姓，民国时期的霸王别姬"程蝶衣"，以及百年前的清朝庙会……

一幅幅古老厚重的历史画面，一帧帧悠远珍贵的影像资料，看得人感慨万千，欲罢不能。

第四，各种冷知识

世界著名科幻大师阿西莫夫说过这样一句话："人类是拥有无用知识越多越快乐的动物。"的确，在现实生活中，很多人对一些细微的、偏门的问题饶有兴致。比如，蛇会不会眨眼睛？大象会不会跳？火车上的粪便都排到哪儿去了？发呆的时候眼前出现的漂浮物是什么……类似这样的问题，数不胜数，且都具有很强的神秘感和诱惑力，很多人越想越好奇，于是很迫切地想得出一个科学的解答。

为了满足人们的好奇心，有些短视频博主专门开通了与冷知识有关的账号，这些账号专门为人们解答各种新奇的问题。比如，抖音账号"十万个奇葩冷知识""冷知识大全""历史冷知识""电影冷知识"等。这些账号利用人们的好奇之心获取了大批的流量用户，而大批的流量用户则依靠这些账号普及的科学知识获得了引以为傲的社交谈资，双方都实现了互利互赢。

最后，想提醒大家的是，利用人们的好奇心固然能收割很多流量，但是千万不能为了引起人们的好奇之心而刻意歪曲事实，散布谣言，没有科学依据的短视频内容注定走不长远。因此，大家一定要谨而慎之。

塑造用户渴望成为的群体形象

著名节目主持人撒贝宁曾经在综艺节目《放学别走》中谈及学生追星的话题时说过这样一段话："追星其实你是在追自己，你其实是在为自己设计着一个你理想中的生活的人设状态。你想成为什么样的人，你其实最终追来追去，你追的是自己的影子。"其实，在现实生活中，不光学生在追自己理想生活中的人设状态，就连成年人也一样。

美好的事物人人都渴望拥有，大家都幻想着自己能变成理想中的样子。当人们碰到渴望成为的某类人物形象时，会忍不住想要关注一下，并且大家在羡慕的同时也会不自觉地模仿这个理想人物的一言一行。

抖音上有一个叫"贵州费爷"的账号，这个账号的主角就是一位像爷一般潇洒、漂亮且经济独立的女人。这位费爷留着干练的短发，穿着得体干练的职业装，化着精致的妆容，驰骋在职场上恣意潇洒。如今这个抖音账号已经累积了363.4万的粉丝，获得了5874万的点赞量。

而费爷之所以能俘获这么一大批粉丝，很大一部分原因是因为她活成了大部分女人想要的模样。

众所周知，如今很多女人困在婚姻的围城里，身上捆绑着无穷无尽的家务，肩上扛着养娃的责任，生活的一地鸡毛让很多女人活得蓬头垢面，毫无价值感可言。而贵州费爷正好迎合了大众女性期待的理想模样，所以大家都怀着一种羡慕的心态，不由自主地关注了这个账号，并且在关注费爷的同时还会不自觉地模仿其行为，从而让自己活成渴望中的样子。

再如抖音账号"袁莹Elia"，它里面的主角是一个事业有成、性感美丽的心理学咨询师。这位名叫袁莹的咨询师时而在中国管理科学大会上接受中央电视台的采访，时而参加电视台的节目录制，时而在高端的舞台上口若悬河地授课，时而在碧海蓝天中享受旅游的美好时光。

这样高知优雅的女性形象无疑是万千女人都心驰神往的，所以大家看到这样的理想形象，都忍不住想多看两眼。

从贵州费爷、袁莹Elia的案例中我们可以总结出一个很重要的经验：给用户塑造出一个其渴望成为的群体形象非常有利于涨粉。作为一名短视频博主，一定要学会"投其所好"，巧妙迎合目标用户的期待。

如果你的目标用户渴望成为一个心灵手巧的化妆达人，那么你就要先化身为一个化妆领域的高手，为其解锁各种化妆的技能；如果你的目标用户对美食感兴趣，渴望尝遍各种各样的美食，那么你就要化身吃货，为其安利花样繁多的美食；如果你的目标用户渴望自己的身材苗条匀称，那么你最好以一个令人羡慕的身材引导其科学减肥……

总之，在短视频里塑造目标用户渴望成为的群体形象，能够有力地吸引其注意力，从而促使其进一步关注自己的账号。作为一名短视频的创作者，一定要了解目标用户的这个心理特点，这样你才能轻松实现涨粉变现的目的。

制造强烈反差，促使用户关注

在日常生活中我们可以听到或者看到很多令人捧腹大笑的段子，比如：
"千万不要在2011年12月31日23：59上厕所，否则……你明年才能出
来""《裸考时代》：虽然我没书、没笔记、没上课、没复习，但是我有一颗
不想挂科的心。""听说大学里要是不谈恋爱的话，工作后就只能等着相亲，
然后看个电影，再吃个饭就结婚了……"

这些笑话刚听前半段的时候平淡无奇，毫无笑点，但是看到后半段的
时候一下子就笑喷了。为什么会出现这样的"笑果"呢？其中很重要的一
个原因就是其前后发生了很大的反差，这种反差打破了人们的刻板印象，
从而给人们带来很强烈的情绪冲击。

从中我们可以得到一个启示：做短视频，也可以制造强烈反差，出其
不意地颠覆用户的传统认知，给其眼前一亮的"急转弯"，以此给用户制造
笑点，从而吸引其关注。

那么作为一个短视频创作者，怎么做才能制造出强烈的反差呢？以下
是三个常见的套路。

第一，造型的转变

如果你是一个短视频爱好者，那么一定对这样的场景不陌生：一个穿
着时尚，妆容精致的漂亮女孩在一顿卸妆操作后，瞬间变成了一个面容憔
悴、暗淡无光的老妇人。再或者一个面色暗黄、丑陋不堪的女人，经过一

番化妆打扮之后，摇身一变成为了一个青春靓丽的美少女。

这种造型上的反差给人一种很强的视觉冲击，而这种强烈的视觉冲击必然会给用户留下深刻的印象，这个时候该短视频账号想不引人关注都难。当然，这种类型的短视频博主大多都是想通过这种反差方式吸引你的眼球，然后在教你化妆的同时推销各个品牌的化妆用品。

第二，形象的反差

在抖音、快手等各个短视频平台上活跃着这样一类反串的角色。他们大多男扮女装，然后由同一个人演绎形象完全不同的两个角色，由于他们演技精湛，且对角色把握得非常精准，凭借着强烈的形象反差圈了很大一波粉丝。其中最为典型的代表就是抖音账号"毛光光"。

这个短视频账号的主角是一个长相清秀的光头男生，这个男生经过一番包装打扮之后，活脱脱地变成了一个美女，这个"美女"一会是知性优雅的经理，一会又无缝切换成一个集聪明、势利、耿直、仗义于一身的柜姐吴桂芳。当然，除了这两个形象鲜明的角色之外，他还扮演自带优雅奢华气质的贵妇、爱占小便宜的家庭主妇，以及趾高气扬，动不动就要投诉的豪横阔太等。

每一个角色都个性鲜明，反差很大，无论是妆容、头发、服装、动作、气质都百分百还原了该人物本身的形象。而这个宝藏男孩也因为精湛的演技圈了一大波死忠粉。

第三，剧情的反转

剧情反转是很多短视频博主吸粉的一大利器。很多人在前半段被剧情虐得满心伤感，结果到了结尾，剧情来个180度的大转弯，搞得人哭笑不得。不过也正是由于这样急转的剧情，让很多短视频一下成为热门爆款。

比如，抖音账号"百怪"里有这样一个短视频内容：男女主角在吵架，吵到激烈之时，女主愤怒地说："离婚。"男主见此情景，也生气地说道："离就离。"紧接着两个人就财产问题来了个干脆利落的分割。

女主："一百平的房子，每人五十。"

男主："四个轮的车子，一人两个轮。"

这个时候一个小小的稚嫩的声音响起："那我呢？我跟谁呀？"顿时吵得异常激烈的两个人脸色突变，显得万分难过，在一首低沉悲怆的背景音乐的衬托下，大家心里好一阵难过，这时突然一个女人的声音划破这个伤心的氛围："再生一个！"瞬间画风突变，人们被这句神反转的话逗得哭笑不得。

于是评论区里有人忍不住留言："再生一个，于是生了对双胞胎，然后又接着再生一个……"也有人看到这个哭笑不得的场景说道："再生一个也分布不均呀，一个大一个小。"就这样大家围绕这句神转折的话你一言我一语，很快就把这个短视频送上了热门。

第四，视听的反差

这些短视频博主，板着一副脸孔，一本正经地跟你说一件事，说到最后才发现这是一个彻头彻尾的搞笑段子。这种视觉（看到说段子的人一本正经）和听觉（听到的搞笑段子）的反差也会给用户留下深刻的印象。

比如，有个叫"芋头视频"的抖音账号发布了一段有关网络红人祝晓晗的短视频，视频里的祝晓晗一本正经地问道："有没有懂车的朋友，我想咨询一下价格在150万到260万的车，动力3.0T左右，外观要好看，最好是香槟色，内饰要全真皮的，带一个全景的天窗，自动手动的我觉得无所谓，主要是要好看实用，有合适的话你们推荐给我，我要当手机壁纸用。"

前面祝晓晗一本正经地说了一大堆的购车需求，就在大家以为她要挑选一辆豪车的时候，最后她竟然来了一个急转弯，告诉大家她要豪车不是用来开的，而是当作手机壁纸的，估计用户听到这里都笑得前仰后合了吧！当然，这个短视频之所以能达到这样的"笑果"，主要是因为她一本正经的严肃态度和搞笑的内容形成鲜明的反差，而这种强烈的反差既娱乐了观众，同时也妥妥地收割了一大波好感。

当然，视听的反差除了一本正经地说段子外，还有另外一种令人惊艳的存在，那就是歌声和外形强烈的反差。比如火爆抖音的"大石桥联盟"，外形看都是几个颜值不高的素人，但是只要他们的声音一响起，用粉丝的话说"好听得耳朵都能怀孕"。

他们的短视频中有一首叫《醉仙美》的翻唱歌曲，如果你闭着眼睛听，他们一定会用低沉且富有磁性的声音紧紧地抓住你的心；但如果睁开眼睛看，画风简直辣眼睛，四位糙汉子分别身着粉、黄、蓝、绿的才子服，头戴才子帽，颜值低得就好像充话费送的一样。而更为过分的是那位"秋香"，夸张的妆容、凌乱的妆发、臃肿的身材、雌性十足的嗓音雷倒众生一片。看到这样的画风，评论区有人给了大家最良心的建议："太好听了，要闭着眼睛静静地听，千万别睁眼。"虽然大家放肆地吐槽，但是心底的喜爱早已溢于言表。

与人靓歌美的短视频博主相比，这种歌声和外形形成强烈反差的人更有辨识度，更容易引起大家的关注，如今的"大石桥联盟"已经俘获了1411.2万粉丝，获得了1.1亿的点赞量，成为全网火爆的音乐团体。

最后要提醒大家的是，制造反差虽然是吸引用户的一把利器，但是使用不当，容易引起用户的反感，在使用的时候一定要注意情节的铺垫和情绪的递进，否则很难给用户带来意外的效果。

给你的用户熬一碗大补的"鸡汤"

在前面的章节中我们也提到过，各个短视频平台对于传递消极人生态度的内容基本不给予推荐，而对于那些正能量的"鸡汤"，平台则通过流量扶持的方式给予鼓励。为什么会出现这样的现象呢？一来是因为正能量的"鸡汤"能引导人朝着健康乐观、积极向上的方向前行，符合社会主义核心价值观的要求；二来它确实也是如今很多年轻人的"刚需"，有着广阔的浏览需求。

众所周知，现代人的压力普遍都比较大，有的时候工作和生活中难免会碰到不顺心的事，这个时候迷茫无助会裹挟着人们的内心，久久不能找到新的人生航向，这个时候若是有一两句宽慰，或者加油打气的"鸡汤"，瞬间就能找到满血复活的力量。

所以，作为短视频博主，可以优先考虑给你的目标用户熬一碗大补的"鸡汤"，这样既可以帮助他们尽快走出人生的低谷，同时又可以给你争取到更多的流量，正可谓一举两得。

如何勾兑这碗"鸡汤"呢？以下是几个可供参考的建议。

第一，精准定位目标群体

不同的目标群体有不同的痛点，所以熬鸡汤也不能一概而论，而是要区别对待。

比如，如果你的目标用户是二三十岁的女性，那么你的"鸡汤"文案可以引用情感专家涂磊老师的这些话："女人一定要学会爱惜自己，因为男人的爱随时可以说，女人一定要懂得修饰自己，未必艳丽，但一定要精致自信。勤俭是一种美德，但不能吃苦的只有自己，否则男人一定会理所当然，贤惠是一种付出，但不是为了讨好男人，否则男人一定会自以为是，撒娇的女人未必好命，但自爱的女人一定会让男人珍惜。失去了自我还拿什么去爱，活出了自信，才会让男人害怕失去。"

如果你的目标用户是中年男性，那么你的"鸡汤"文案可以像抖音账号"创帮"这样写："很扎心的一段话，男人可以求，可以失败，但千万不能没有骨气，没有魄力。"这段短视频文案只有短短的几句话，但它却洋溢着一种鼓舞人心的力量，很快短视频就获得了几千人的点赞，几百人的转发。

第二，巧借成功人士的号召力

成功人士天然具有一种权威性和号召力，老百姓对于他们的言行大多深信不疑。因此，为了更好地鼓舞和启发你的目标用户，短视频博主可以充分利用成功人士的案例或者语录。比如抖音账号"马云经典语录"里就有知名企业家马云的这样一段演讲内容："前面十年，我唯一没有放弃的是对未来的理想，对别人的关注，但是我放弃了自己的很多习惯。不是每个"80后""90后"都会成功的，但是有人会成功；不是每个"60后"的人都会成功的，但是有人会成功。谁会成功？你勤奋，你执着，你完善自己，你改变去影响别人，去完善社会，这样的人会成功。"

马云的这段语录没有悲愤激昂的气势，也没有华丽的辞藻修饰，就是这样几句平淡普通的话，却有着千钧的分量，让听的人信服不已。

第三，抓住时机，紧跟人们的痛点

自新冠肺炎以来，很多人尝尽了病痛的折磨和生离死别的苦痛；也有人遭受了生活的种种不便，活得焦躁忧虑；当然，还有的人生意受到冲击，一筹莫展……眼前的种种负面情绪急需要一份情感的宽慰。这个时候很多短视频博主抓住时机，积极地输出"鸡汤"短视频，给予普通大众一种积极的引导。比如，抖音有一个叫"励志正能量"的视频发了这样一段话：

"一场疫情，让我们明白：活在这个世上，除了生死，其他的都是小事。没什么比生命重要，没有什么比活着更好。钱财再好，好不过生命；名利再大，大不过健康。能活着，就是最大的财富；还活着，就是最大的幸福。身体健康，才是最大的赢家，爱惜身体，才是正确的选择。只有身体健康，才能享受世间一切，倘若失去健康，钱财物质全是摆设。

"赚钱是为了吃喝玩乐，不是为了看病买药。活着是为了享受生活，不是为了奔波劳累。拿命赚钱，就是笨；透支健康，就是蠢。世上最贵的床就是病床，所以千万别生病；世上最苦的糖就是医药，所以千万别累倒。人生来来往往，并无来日方长，生命脆弱短暂，必须懂得珍惜。趁现在还活着，想做的事，别拖延；想见的人，早点见，别让自己留下终身的遗憾。"

这段正能量的话以一种及时行乐的人生态度劝慰人们要放下愁苦，珍惜现在，以一种积极豁达的心态直面生活。这些话直戳人心，引起了普通大众的强烈共鸣，因此大家纷纷点赞转发。

第四，选择应景的音乐烘托氛围

好的音乐有一种震慑人心的力量。短视频创作者如果在"鸡汤"文案里配上一段适合的音乐，那么更容易打动你的目标用户。

比如，在讲述梦想奋斗的短视频里配一段《赢在江湖》的音乐："我的江湖自有我定方向，人生旅途，谁赢谁输，总想做得漂亮义无反顾，大彻大悟，看透世俗，赢了自己才赢得江湖。有多少世间万物沦落为孤独一注，才会羡慕别人的幸福，每天都在走别人的路，反反复复，拨浪鼓。"激昂的文字配上高亢的曲调总给人一种积极进取的力量。这首歌融合在一个为梦想奋斗的故事里，总给人一种热血沸腾的冲动。

再如，在一个讲述男人责任与担当的短视频里放上一首《男人不怕苦》的音乐："男人不怕苦也不服输，痛了不会哭不能有退路，有太多人不能辜负，再大的风浪也要扛住。男人不怕苦也不怕伤，命运不能阻挡我倔强，一路奔跑一路向着光，爱能给我全部的力量。"相信每个身心疲惫的男人听了这样铿锵有力的歌曲都会备受鼓舞，浑身充满了力量。

以上就是熬制"鸡汤"短视频的几个要点和技巧。作为一名短视频博主，一定要熟练掌握，这样你才能熬出一碗涤荡人心的"心灵鸡汤"。

第五章

内容创作：

高质量输出，打造百万粉丝账号

精准解析短视频用户的画像

中国古代的名医华佗有一次在接诊的时候碰到两个病症完全一样的病人，他们都有头痛发热的不适感，但奇怪的是，华佗给两人号完脉后，给他们开了完全不同的两种药。两个人见状，大吃一惊，忙问何故，只听华佗解释道："你俩虽病症相同，但是病因却不同，一个是内部伤食引起的；另一个是外感风寒，着了凉引起的，所以需要不同的药物治疗。"果然，此后两个人服药不久，双双痊愈。

这个故事启发我们：面对不同的情况，一定要对症下药，有的放矢，否则很难从根本上解决问题。同样的道理，作为一个短视频博主，要想创造出高质量的内容，一定要先精准了解用户的画像，只有这样才能创造出迎合目标用户需求的短视频内容。

那么何为用户的画像呢？百度百科对它的定义是这样的：

用户画像又称用户角色，作为一种勾画目标用户、联系用户诉求与设计方向的有效工具，用户画像在各领域得到了广泛的应用。我们在实际操作的过程中往往会以最为浅显和贴近生活的话语将用户的属性、行为与期待的数据转化联结起来。作为实际用户的虚拟代表，用户画像所形成的用户角色并不是脱离产品和市场之外所构建出来的，形成的用户角色需要有代表性，能代表产品的主要受众和目标群体。

短视频博主明确了用户的画像，也就相当于精准地掌握了目标用户的性别特征、年龄大小、地域分布特征、受教育程度、身份特征、心理需求等。对目标的人群画像分析得越清晰，越有利于策划出正确的短视频选题。

比如，同样是女性用户，如果你的目标人群是全职宝妈，那么你可以多发布一些与育儿、婚姻、婆媳有关的短视频；如果你的目标用户是有身份有地位的职业女性，那么你的短视频主题要与追求生活品质和人生价值有关。用户画像分析得越具体，用户的痛点和需求挖掘得越精准，做出来的短视频越受欢迎。

那么作为一名短视频博主，怎么做才能精准地分析出用户的画像来呢？以下是几个可供参考的分析步骤。

第一，短视频用户的基础数据

用户的基础数据包括其基本信息（年龄、性别、婚姻、职业身份、经济实力等）和行为数据（观看短视频的频率、观看的时长，以及观看的时间点）。

用户的部分基本信息可以通过点击其头像获取，而行为数据则可以通过国内领先的视频全网大数据开发平台——卡思数据分析得知。

第二，分析短视频用户的兴趣爱好

在了解了用户的基础数据之后，我们还不能对其形成一个全面的了解，还需要对其兴趣爱好做一个较为详细的分析。具体如何分析？一般会参考如下几个数据：

1.用户关注的账号类型

用户对什么领域的内容感兴趣，他就会关注什么领域的账号。短视频博主可以通过了解用户关注的账号类型来判断其喜好。

另外，如果用户关注的是同领域的账号，那么你可以研究分析该竞争对手究竟有什么样的可取之处，然后取长补短，从而给用户提供更有观赏价值的短视频；如果用户关注的账号内容与自己的领域无关，那也可以从中借鉴一些有创意的元素，嫁接到自己的短视频中，以此给用户带来更新鲜的观感。

2.用户点赞、收藏、转发的内容

一般来说，如果用户在观看短视频的过程中发现自己喜欢的内容，通常会进行点赞、评论和转发等一系列操作。而短视频博主可以通过分析用户的这一系列操作，从中判断用户的喜好和需求。

3.用户评论的内容

对于同样一件事情，不同的人有不同的看法。用户在评论区的留言反映着他对某件事情的看法，也体现着其人生价值观和消费观，同时还映射着他人生的某些阅历和经验。因此，作为一名短视频博主，一定要善于从这些细枝末节中总结用户的兴趣和爱好，给用户贴准确的标签。

在经过基础数据以及用户兴趣爱好的分析之后，我们就大概了解了短视频用户的性别、年龄、地域占比分别是多少，短视频使用的频次为多少，活跃的时间点是什么时候，对什么话题感兴趣，什么情况下更能激发其点赞、评论、转发等。当然，经过一番用户的画像分析，我们在短视频输出时会更加有目的性，更加容易击中用户的内心。

10W+ 播放量的短视频选题是如何产出的

做过短视频的人，一定为选题烦恼过。日复一日地更新，会让大家变得思路枯竭，毫无头绪。这个时候如何酝酿出一个爆款短视频选题几乎成为困扰每一个人的问题。今天我们就着这个话题，给出几点大家可供参考的建议。

第一，确定选题之前要做好以下几项准备工作

首先，最关键的就是给目标用户定好位，选题内容不要脱离目标用户，他们的喜好和行为特征是制定选题方向的重要依据；其次，了解自己的优势所在，选择你最擅长、最专业的内容，然后调动一切可利用的资源为用户呈现他们想看到的内容；最后，摸透竞争对手的套路。俗话说，知己知彼，百战不殆。对于短视频博主而言，仅仅依靠自己的头脑里储存的那点知识和创意还是远远不够的，打开竞争对手的账号，仔细分析琢磨，对手的内容风格、表现方式或许也有可借鉴的地方。

第二，构思爆款选题的这几个要点你需要了解一下

做好上述准备工作之后，紧接着我们便正式进入主题——爆款选题。一般来说，构思一个爆款选题可以从以下几个角度着手。

1.选题和热点内容相关

热点内容本身就是眼球的聚集器，所以我们在构思选题的时候不妨在各个平台查看一下，最近有哪些热点事件，然后再思考一下热点事件和自己账号所在的领域有什么内在关联，这样借着热点构思出来的选题更容易成为爆款内容。

比如，有一段时间赌王何鸿燊去世的消息铺天盖地地刷爆互联网，这在当时当然是一个很大的热点新闻。于是一个叫"公司密探"的抖音账号就蹭了一下这个热点话题，不过它并没有把这个热点新闻照搬过来，而是巧妙地利用了热点人物——赌王的一番话，揭秘了赌场不败的筹码究竟是什么。这波操作既蹭了热点，又把相关领域的知识干货传递给了用户，因此该短视频凭借着好的选题上了一个小小的热门，在短时间内就获得了数万的点赞量。

不过，我们要提醒大家的是，不是所有热点都需要蹭，有些热点与你的账号所在的领域毫无关联，这个时候就没必要为了蹭热点而创作一些目标用户不感兴趣的内容。另外，如果你的热点时间涉及政治、军事等敏感内容，也要选择避开。

2.在选题里糅进去一些互动性和争议性较强的话题

众所周知，一个爆款短视频一般会有高点赞量、高评论量和高转发量。那么为了让用户与短视频内容产生积极的互动，从而有一个好的数据反馈，大家在策划选题的时候，主动把一些有争议的话题和互动性强的话题掺杂进去。

比如，抖音账号"李喵喵"里就有这样一个关于婆媳矛盾的选题。自古以来，婆媳矛盾一直是横亘在家庭中的一个人问题，当双方发生分歧的时候，公说公有理，婆说婆有理，闹得不可开交。事实上，单单从某一个角度分析，双方都没有错，只不过大家所站的立场不一样，所以看待问题的方式也不一样。

所以，当"李喵喵"把这个有关婆媳矛盾的短视频抛出来之后，瞬间就引爆了评论区。有人留言说："在中国提婆婆，真的不吉利。"也有人说："都大度一点，互相体量一点，家和万事兴。"当然，还有奇葩留言："妈只有一个，媳妇还能再娶。"从评论区五花八门的留言，我们可以看出来，这是一个很有争议性的话题，把这样的话题引入选题当中，势必很容易催生出爆款短视频。

3.策划与节假日相关的选题

在我们中国，一年四季有很多可以庆祝的传统节日。所以在节日到来之前，我们可以提前策划与节日相关的选题。比如，七夕节到来之际，可以写一个送礼物指南，也可以策划一个表白攻略，还可以设计一个单身狗防虐指南。再如，劳动节，大家可以用鸡汤式的短视频安慰那些默默努力奉献的人。这样的选题很符合节日的氛围，到时候发布出去，点击率一定不会太低。

抖音账号"文楷（手机摄影）"在母亲节策划了一个"母亲节如何拍短视频庆祝"的教学视频，很快就获得了数万的点赞量和转发量。

抖音账号"胡社光"在六一儿童节那天也发布了一则小朋友参与时尚创作的短视频。这个短视频既融入了时尚的元素，同时也巧妙地把孩子们关联进来，可以说是一个很成功地蹭节日热点的选题。如图5-1所示。

4.选题的切入点要新颖

在如今这个千军万马过独木桥的短视频领域，能走到最后的一定是有创新精神的短视频创作者。如何才能让自己的选题别具一格，不落俗套呢？其中选择的切入点非常关键。一个有新意的切入点能够给用户带来新鲜感，也能更快地引爆话题。

比如，在母亲节这一天，所有账号都不约而同地用不同方式歌颂母爱，但是有一个账号短视频则凭借着独特新颖的选题上了热门。这个名为

"@1"的账号采用了一幅简单的画引爆了评论区。

图5-1 抖音账号"胡社光"的短视频

这幅画的具体内容是这样的：母亲节当天，儿女成群，纷纷围绕在母亲身边拍照炫耀；母亲节第二天，瞬间就家门冷清，只留一个孤独的老母亲坐在沙发上发呆。这个短视频真实地反映了当下这样一个可悲的现状，一针见血地讽刺了那些只注重形式却没有行孝道之实的伪孝子。独特的切入角度让这个短视频一下子就爆火了，人们看到这样一个有新意的作品喉头一酸，纷纷点赞留言，谴责这种"网上孝子"。

5.特别注重用户体验

好的短视频选题一定要以用户的体验和感受为中心。你策划的短视频内容要么能给用户带来十足的干货，要么能激起其强烈的共鸣感，要么能帮助其切切实实地解决某方面的困扰。如果你偏离了用户的真实需求，给他们很差的体验感，那么注定你的选题是失败的。

以上就是产出爆款选题的几个实用技巧，大家在使用这些方法的时候一定要牢记一个原则：不管构思任何角度、任何形式的选题，都要确保账号所更新的内容与自己的定位垂直，千万不要东一榔头、西一棒槌地偏离了自己当初所选的领域。

制作短视频片头片尾的实战方法

大家都知道，作文考试的时候，段首和段尾是最关键的两个部分，开头开得好能一下子抓住阅卷老师的眼球，从而激发其浓厚的阅读兴趣。另外，结尾结得好，也能加深老师对你作文的整体印象，从而给你一个比较高的分数。

同样的道理，创作短视频也一样要重视片头片尾的制作。好的片头片尾的设计能让短视频锦上添花，给用户留下深刻的印象，同时有利于促进短视频的收藏和转发。下面我们分别就片头、片尾的创作给大家介绍一系列详细的实战方法。

第一，片头

片头是首先给用户呈现的部分，如果这一部分设计得了无生趣，或者观感很差，那么后续也会影响其观赏短视频内容的兴致。那么短视频的片头怎么设计才能更有利于涨粉呢？

1.强化Logo

每个短视频账号的Logo都是独一无二的。它是区别于其他短视频账号的关键因素之一。一般来说，短视频博主为了提升用户对于自己账号的认知度，通常会在片头设计里添加Logo这一元素。比如，优质广场舞领域的创作者"糖豆APP"，在其片头的设计中就加入了糖豆的Logo。另外，在Logo的下方还加了一行字："在家跟我练，提高抵抗力。"点明了该账号的实用功能，激发了用户继续观看的兴趣。

2.片头的设计要与短视频的内容风格一致

为了给用户一个和谐统一的视觉体验，短视频创作者在设计片头的时候一定要根据账号的定位、短视频的内容综合考虑。比如新闻类的官方账号，片头设计就会很庄重、很正式，给人一种专业性很强的感觉。如果你是一个影视吐槽类的账号，且里面的内容风趣幽默，那么片头就可以加入很多搞笑的元素。

3.片头时长要控制好

短视频的时长本来就很短，如果你的片头再拖长一些的话，势必会挤占短视频内容表述的时间，这样一来，你的短视频就显得头重脚轻，详略不当，也无法在有效的时间内给用户更多的实用信息，所以大家在制作片头的时候，一定要注意这个问题。

一般来说，短视频的时长应该控制在3秒之内。如果过长，用户会看得失去耐心，进而跳转到别的账号。

4.短视频的片头要有创意

虽然制作短视频的片头有很多免费的模板，但是不建议大家拿来就用，适当地给片头加入一些自己的创意，更有利于提升账号的辨识度，有利于日后IP的打造和变现。

第二，片尾

片尾的设计可以加强账号与用户的互动。比如，你可以设计一些有趣的话术，加强用户对短视频的点赞、评论和转发。

你可以像"虫哥说电影"那样，在片尾简单设计一个黑色的背景，在黑色背景上简单添加自己账号的名称，然后加一段固定的加粉话术"更多有趣视频，记得关注虫哥说电影，哔哔"，配一段名为《Funny Bear》的BGM。

当然，你也可以像"Low君热剧"里那样使用一些俏皮的说法："大家好，我是Low君，喜欢我你就转发我，有话说你就评论我，都不干你就点个赞。"以此引导大家与你互动。

另外，你还可以像"一风之音"那样弄一个配音版的片尾：

婢女："你单身这么多年，为啥不关注一风之音呢？"

降魔师："听说关注它可以送女朋友。"

婢女："你关注，为啥不关注，为啥不关注。"

天残脚："你就搜索关注一下嘛。"

婢女："你应该关注，为啥不关注。"（画面出自《西游降魔篇》）

这种形式的片尾虽然显得啰唆，不过加上《西游降魔篇》的人物情景，却让人忍不住心头一喜，丝毫没有厌恶之感。

以上就是制作片头片尾的几个关键要点。大家在创作的过程中，要学会Ae和Pr这两款制作软件。在利用这两个软件设计片头片尾的时候，可以参考包图网（每天限量免费下载）、VJ师（素材量非常大，范围广、质量高）、新CG儿（素材免费下载，但是素材新度不够）等。

受用户喜欢的这几类短视频你知道几个

众所周知，短视频的内容丰富多彩，包罗万象。如果你仔细总结，上到时政要闻，下到田间地头，什么样的内容你都有可能刷到。那么在这些众多的类目里，什么样的短视频内容更受用户喜欢，更具有爆款的潜质呢？下面我们逐一盘点。

第一，知识干货类

毕竟每个人都不是全能的，涉及专业领域的知识，很多人都两眼一抹黑，说不上个所以然来。比如，出去春游，怎么构图拍摄才能抓拍到心仪的图片？出门会友，什么样的服装搭配，才能更加吸睛？做宝宝辅食，怎么样操作才能营养丰富，且色香味俱全？如果你是这些领域的专业人士，那么你就可以从专业的角度给大家提供一些科学的知识。用户看到这些专业性强的内容，势必会点赞收藏，以便不时之需。

比如抖音账号"蔡仲手机摄影"里就有这样一条实用的拍摄干货，他采用三个专业的技巧教大家如何拍出有文艺气息的街拍：

①背景颜色相近人物不突出，拉出反差突出主体。

②手上没东西，显得太干，加点东西，点缀画面。

③正面拍摄太平，转一个视角，拍出延伸感。三点专业的摄影建议瞬间提升了画面的质感，所以用户看了觉得实用性很强，于是忍不住分享转发。

第二，高颜值类

自古以来，人们对高颜值的东西都没有抵抗力，不管是好看的东西，还是长相精致的人，都想停下来多看几眼。很多短视频里有肤白貌美大长腿的美女参与，其播放量自然比别的同类短视频要高。这是人的本性，无可厚非。

这就启发我们：做短视频的时候要追求美感，真人上镜的时候一定要精心打扮，避免给人一种邋里邋遢的感觉（除非剧情需要）；挑选道具的时候，也要选择观赏度较高的东西，这样短视频的播放量会有所提升。

第三，温暖治愈类

如果你分析爆款内容，会发现有很多都是一些温暖感人的故事。比如深夜马路上一人走路，不慎落入井里，路过的人看见，合力将其救出；快递小哥送物件的时候，收到贴心主人送来的一块蛋糕；一名小学生复学首日，路过医院，转身向值班医生敬少先队礼；深夜女儿突发疾病，母亲为救孩子下跪拦车……

这些折射人性光辉的短视频看到之后，总能让人心头一暖，泪如泉涌。这些温暖的内容可以起到抚慰心灵，治愈自身的作用，所以非常容易让人点赞和反复观看。

第四，幽默搞笑类

如今人们的压力普遍都非常大，所以在闲暇之余，观看一些幽默搞笑类的短视频内容成为一种刚需。

比如，"祝晓晗"就是一个原创度很高的搞笑领域的大号，里面的父女互坑的场面经常逗得人捧腹大笑，演员表演也非常自然到位，一个将"蠢萌、善良、吃货、单身"女儿形象诠释得非常到位，一个"妻管严，且心思单纯经常踩坑"老爸形象刻画得深入人心，两个性格鲜明的父女安排在一起，总能碰撞出不一样的喜剧效果。他们也凭借着搞笑的本领一年涨粉

3000万，获点赞5亿！

以上就是受用户欢迎的四个短视频类型。大家在创作内容的时候，其实也可以学习借鉴一下，加入一些或搞笑幽默、或感人至深、或观赏性高、或专业性强的元素。这样你的短视频内容就具有了爆款的潜质，发布出去说不定会大量地吸粉呢！

撰写短视频脚本的几个关键点

短视频虽然只有短短几十秒的镜头，但是要想创造出一个优质的作品，却并非易事。在较短的时间内，如何高密度地给用户带来视觉、听觉、情绪上的刺激，这还需要脚本的统筹安排。

可以说在短视频的创作过程中，脚本是"灵魂"，它囊括了短视频的拍摄大纲和要点规划。有了短视频脚本，后续的拍摄、剪辑、道具准备等才有据可依。当然，脚本的存在也让短视频的拍摄变得更加有效率，拍出来的短视频更有质量保障。

一般来说，在编写短视频脚本之前，你需要先明确拍摄的主题，规划好拍摄的时间和地点等。明确了编撰的方向之后，接着再根据实际的需求选择可用的脚本类型。一般来说，短视频的脚本分为三种类型：

第一，拍摄提纲

这个类型的脚本适合于那些对拍摄内容不确定的情景，比如采访热门事件的当事人、新闻纪录片、故事片拍摄方向的短剧等。这些场景不方便预先分镜头，所以编剧会以脚本的方式明确一下创作的方向，然后再确定一下选题的切入点，短视频的表现形式以及作品的风格。另外，为了使整个拍摄提纲更加完善，脚本里面还会补充一些详细的内容，比如场景的转换、背景音乐的搭配、配音内容等，这样做有利于统筹完善后续的工作。

以下是《本溪"豆浆哥"严寒中递送温暖》的拍摄提纲案例。（出自抖音账号"本溪电视台生活频道"）

①创作主题：在寒冷的冬季，街头的环卫工人顶着刺骨的寒风坚守在自己的工作岗位上，为城市的仪容仪表默默奉献着自己力量。而暖心人"豆浆哥"坚持五年为这些环卫工人冬送豆浆，夏送凉饮。小小的善举，温暖了整座城市，这正是我们社会主义需要弘扬的正能量。

②拍摄对象：街头众多的环卫工人和好人"豆浆哥"。

③拍摄提纲：

镜头A：身穿军大衣的"豆浆哥"拿着暖壶挨个给身边围着的冻得瑟瑟发抖的环卫工人倒豆浆。

镜头B："豆浆哥"一脸认真地为每个前来接受救助的环卫工人倒上满满一大杯热气腾腾的豆浆。

镜头C："豆浆哥"用冻得通红的手掩了掩自己的衣领。

镜头D："豆浆哥"接受电视台记者的采访。

④拍摄重点：

A.拍摄围绕着"豆浆哥"的善举展开，重点展示"豆浆哥"不畏严寒，不辞辛劳，亲力亲为的奉献精神。为了表现这一主题，拍摄的时候可以远景和近景交叉使用。

B.在画面里穿插一些环卫工人受到帮助后的感激之声。

C.拍摄一些体现冬寒的小细节，以冬天的"寒"烘托"豆浆哥"的暖。

⑤后续指导：

背景音乐：截取《你的答案》里应景的部分："向着风，拥抱彩虹，勇敢地向前走，黎明的那道光，会越过黑暗，打破一切恐惧，我能找到答案。哪怕要逆着光，就驱散黑暗……"

字幕：大概介绍一下"豆浆哥"行善的整个过程，然后配上一句简短的话"一个小善举，温暖一座城"来点明主题。

第二，分镜头脚本

相比拍摄提纲的脚本，分镜头脚本几乎没有拍摄的自由空间可言。分镜头脚本对每个细节都有严格的要求，对镜头运转、景别、时间长度、画面内容都有明确的规定。一个规范的分镜头脚本相当于整个视频的制作说明书，它能帮助拍摄团队高效率地产出优质的短视频内容。

表5-1以抖音账号"美团外卖"里的一个短视频为例，为大家展示一下该品牌的分镜头脚本。

表5-1 分镜头脚本

镜号	时长	景别	画面	音效	备注
1	2秒	中景	教室里一个老师站在讲台上向大家宣布，体育老师生病了，这节课上数学		
2	3秒	近景	座位上的两个同学听了老师的话，顿时愁眉苦脸，嘴里嘟囔着什么，一副不情愿的模样	《Sans》	
3	5秒	中景	老师缓缓弯下腰，痛苦地用手捂住了肚子，然后告诉大家自己突然肚子疼，还是让大家去上体育吧		

续表

镜号	时长	景别	画面	音效	备注
4	3秒	近景	后排的两位同学在座位上激动得欢呼雀跃，手舞足蹈	《We Are The Champions》	添加五彩缤纷的纸屑庆祝（特效）
5	3秒	近景	戴眼镜的男同学一脸兴奋地举手报告老师："我在美团外卖上为您买了药，马上就到了，你吃了就好了。"		体现美团外卖的服务范围广，速度快
6	5秒	中景	老师喜出望外，然后要把卷子拿过来，继续坚持上课		
7	1秒	近景	后排的两个同学满脸愤怒地紧盯着前排那个主动送药的同学，眼神里都是杀气	配一个利剑出鞘的声音	
8	10秒	中景	老师正要讲《短歌行》，突然停电了，老师拿起手机发现离放学还有两个小时，电也不知道什么时候来，索性让大家先放学		
9	3秒	近景	两位同学见提前放学，又一次激动得手舞足蹈		添加五彩缤纷的纸屑庆祝（特效）

镜号	时长	景别	画面	音效	备注
10	3秒	近景	戴眼镜的男同学又高兴地举手发言了，他告诉老师，自己在美团外卖给每人买了一个手电筒，东西马上就到了		体现美团外卖的服务范围广，速度快
11	4秒	中景	老师高兴地表扬了这位热心肠的男同学，说他学习态度非常端正		
12	1秒	近景	后排的两位同学狠狠地盯着眼镜男，又来了一波眼神杀	配一个利剑出鞘的声音	
13	2.5秒	中景	老师宣布放学，告诉大家收拾东西回家		
14	3秒	近景	后排的女同学激动地跟同桌说："老师没留作业。"男同桌也激动得点头附和道："太爽了。"	《面对疾风吧》音乐响起	
15	2秒	近景	戴眼镜的男同学又一次举手提醒老师："你忘了留作业了。"	《面对疾风吧》音乐前奏	"忘了留作业"这个镜头重复，变慢变声
16	2.5秒	中景	后面两个同学一起愤怒地站起来，暴击前排戴着眼镜的男生	《面对疾风吧》音乐高潮	

第三，文学脚本

如果你的短视频不需要剧情，那么可以用文学脚本。与分镜头脚本相比，文学脚本显得没那么细致，它只需把规定人物需要做的任务、需要念的台词交代清楚就行了。此外，文学脚本里也需要明确交代摄影机与被摄体的距离（景别）。

通常来说，美食领域和旅游领域的创作者可以使用文学脚本。不过不管使用哪种类型的脚本都不能过于死板，对于拍摄和制作过程中的某些细节都可以根据自身的需求加以调整。大家在撰写脚本的时候只需要站在用户的角度上，创造出他们喜欢的内容即可。

小白必备的几大短视频拍摄技巧

对于普通的短视频创作者而言，拍摄视频是一个难度值比较高的事情。如果你是一个摄影方面的小白，不懂得拍摄的技巧，那么即便是费了九牛二虎之力，也很难拍出理想的效果来。

那么对于摄像小白而言，怎样拍摄才能呈现出大片的既视感呢？以下是几个实用的拍摄技巧。

第一，调整好光线

众所周知，摄影是一门光的艺术。只有处理好光线的问题，才能拍摄出完美的画面。在拍摄短视频的时候，我们可以根据环境的不同布局光线，以达到最佳的拍摄效果。

一般来说，室外拍摄多采用顺光拍摄，但是当人物和景物的受光条件不一致时，则需要借助其他道具平衡整个画面的光线强度。在室内拍摄，如果环境比较昏暗，影响视觉效果，则可以将灯光打到拍摄主角的脸上，进行逆光拍摄。另外，室内的环境和条件相对来说有限，为了避免短视频内容单调无趣，拍摄者一定要熟练掌握推拉摇移的基础运镜操作。

第二，根据发布平台调整画面结构

每个短视频平台的界面设置都不一样，因此为了给用户创造更好的视觉体验，大家在拍摄短视频的时候一定要调整好拍摄画面的重心。比如，抖音的点赞、评论、转发功能设置在右下角，账号的名称和短视频的标题设置在屏幕的下方。这也就意味着你所拍摄画面要根据屏幕的构图而有所调整。通常来说，为了让短视频的画面能呈现出更为完整的信息，拍摄抖音短视频时画面重心应当向左上角上移。

第三，精准对焦

在拍摄短视频的时候，很多人都没有注意到焦点的问题，直到后期剪辑的时候才发现拍摄出来的视频主体出现脱焦现象，看上去模模糊糊，观感很差。其实，要避免这个问题也不是什么难事。我们在拍摄开始之前，要先点击手机屏幕，完成对焦，这样拍摄的主体才能清晰。当然，为了所拍摄的画面稳定，大家还可以借助支架，这样拍出来的效果就非常理想了。

第四，灵活运用多种拍摄角度

拍摄角度的好坏，影响着整个短视频的质量。一般来说，以被拍摄体为中心的环绕拍摄更能够凸显主体，渲染氛围，体现主人公的内心活动，而跟随主体移动拍摄则更容易给用户一种身临其境的真实感；仰拍可以使被拍摄的主体显得高大，或者起主导的作用；俯拍则多用于展示全景或者大局，同时也让被拍摄的主体显得弱小；特写镜头则常常用在有冲突感的画面里。总之，不同的拍摄角度有不同的作用。优质的摄影者能够灵活地从多个角度拍摄画面的主题，从而使视频画面更加生动丰富。

第五，熟练掌握各种拍摄构图法

构图是短视频创作者在拍摄前必须掌握的内容之一，好的构图能让拍摄的画面更富有故事性。常用的构图拍摄法有垂直线构图法、对称构图法、引导线构图法、框架构图法等。我们在拍摄的时候具体应该采用哪种构图方式，这还需要根据短视频的主题和表达需要选择。比如，想要表达广阔、博大的视觉体验，你可以使用引导线构图法，想要拍摄出一种稳定和谐的感觉，可以使用对称构图法；如果想要展示景物的高大和深度，可以采用垂直线构图法等。

每一种拍摄构图法给人的视觉效果都不相同，有的时候为了视频画面更具美感，大家可以在同一个短视频内容糅合多种构图方法。

第六，保障画面干净统一

拍摄短视频的时候，为了避免其他杂七杂八的东西对核心人物造成干扰，大家应该尽量挑选干净整洁的背景。另外，为了获得和谐统一的视觉效果，大家所挑选的背景颜色也需要和拍摄主体保持一直的调性，切勿将冷色调和暖色调胡乱搭配一气，这样会使你的作品缺乏统一感。

第七，尽量选择最优的拍摄器材

俗话说，工欲善其事，必先利其器。一个好的摄影设备对于短视频的画质起着至关重要的作用。为了能够更多地给用户呈现专业的拍摄效果，大家在挑选的时候，尽量选一些能够提供"专业拍摄模式"的设备，这样即使应对复杂的拍摄环境，这种先进的设备也会根据具体情况，给你一个特定的拍摄模式。

另外，大家还需要准备一些辅助工具，比如三脚架、稳定器、滑轨、麦克风、无人机等。当然，这些并非都是必需品，到底需要购置哪些器材，还是要根据自己的实际情况而定。

以上就是短视频拍摄需要注意的几个技巧。大家只有掌握了这些技巧，才能拍出高质量的短视频，从而更快地达到涨粉变现的目的。

热门短视频配乐都使用了这几个技巧

在之前的章节里我们也提到过，一个优质的短视频离不开好的配乐。选择合适的背景音乐有利于调动用户的情绪，强化短视频主旨，给用户一种很强的代入感。

那么什么样的背景音乐既能满足用户的视听享受，同时又能传递短视频的情感内核呢？怎样配乐才能有助于短视频登上热门呢？一般来说，热门短视频配乐都遵循如下几个套路。

第一，选取的背景音乐与视频的主题有一定的关联

一个短视频选取什么样的背景音乐要根据其内容决定。如果你的短视频讲述的是一个很温情的故事，那么你的背景音乐也应该和故事的主题保持同一调性，而不应该选一个嘻哈风格的歌曲插入其中。如果你的内容讲述的是一个阴森恐怖的故事，那么为了给用户制造更多的代入感，你挑选的背景音乐听起来也应该是惊悚的、令人头皮发麻的。

抖音账号"pp体育"里有这样一则励志短视频故事：非洲赤道几内亚选手艾瑞克·姆萨巴尼因为国家非常落后，没有任何专业设备，缺少专业训练和体能，所以在比赛中，他以最丑的泳姿、最慢的速度落后于其他国家。更糟糕的是比赛到了后半段，他的体力严重透支，但是这个励志的黑人选手并没有因此而放弃，最后30米，他强忍着抽筋的剧痛，以一种"狗刨"式的难看泳姿游向了终点。

虽然他的专业水准无法与冠军匹敌，但是他面对困难，永不放弃的励志精神感染了运动场上的每一位观众，看到最后，大家纷纷起身，用热烈的掌声为这位英雄喝彩。

在这个短视频里，创作者用一首铿锵有力的《你的答案》渲染了艾瑞克·姆萨巴尼这种坚持不懈，敢于突破自我的宝贵精神。看着如此励志动人的故事，听着激扬有力的歌曲，大家心头忍不住涌起无尽的感动。

第二，背景音乐要根据剧情需要做调整

有的短视频故事情节复杂，转折颇多，为了更好地表现人物心态，凸显主题，短视频插曲有必要调整转换。比如，抖音账号"小马哥欢乐多"里有这样一个短视频内容：妻管严小马哥看到妻子留下来的"出差两天"的字条后喜出望外，激动得腿都磕到沙发上了。（这个时候，短视频配的是一段很轻快的音乐，主要是为了体现主人公愉悦的心情）他顾不得疼，慌忙从口袋里掏出电话，告诉老李调整到嗨前状态，并且还扬扬得意地说道："钱是不用考虑的，今天家中无老虎，马哥才是真大王。"

然而，正当他扬扬得意之际，从电视的屏幕里却反射出老婆的身影，这个时候马哥灵机一动，郑重其事地告诉老李："喝酒是不可能的，你嫂子不在家，我哪儿都不会去，这一点你应该多跟我学学。"（这段音乐切换成了《Symphony No.5 in C minor》，此时，"出言不逊"的小马哥内心犹如这首激荡起伏的曲子一般，紧张与不安的情绪相互交织）

但是此刻妻子早就洞悉了一切，就算小马哥再怎么找补都无济于事，她揪起小马哥的头发一顿教训，"劫后余生"的小马哥独自一人在原地发呆。（此时背景音乐调换成了一首充满哀伤意味的《The Lion Sleeps Tonight》的曲子）

从中我们可以看出，音乐的调性要尽量和人物的动作保持一致，这样才更能体现人物的内心活动，更容易表现相应的主题。

最后，这个短视频凭借着搞笑幽默的剧情和恰到好处的背景音乐碰撞出了出人意料的"笑果"，收割了117.9万的点赞量，一度成为很热门的短视频。

第三，音乐节奏要根据镜头的长短调整

通常来讲，短视频中长镜头适宜用舒缓一点的音乐，多个镜头快速切换的画面则适合用快节奏的音乐。

比如抖音账号"晚晚的衣橱"里有这样一个短视频，它展示的是早春一周内西装穿搭，总共要在短短的十几秒内展示七套衣服，这就意味着每套衣服出现的镜头会很短，镜头的切换也很快。为了迎合不断变幻的画风，这个短视频搭配了一段快节奏的DJ音乐，这样看起来非常应景。

再如，美食领域的账号"李子柒"，它为了展现悠闲自在的田园风景，有很多都采用了中长镜头。这个时候，给短视频搭配上一段节奏缓慢、悠长细腻的轻音乐会更加应景。

第四，避免版权问题

选取音乐时尽量通过一些渠道获得授权使用的免费音乐，这样才会有效避免因为侵权而带来的麻烦。

2018年，Papi酱旗下的"Bigger研究所"就因为在微博推送了一段含有《walking on the sidewalk》配乐的短视频，而被北京音未文化传媒公司诉至法院，索赔经济损失及维权合理开支共计25万余元。"Bigger研究所"后来也在微博承认自己版权意识不强，未经许可就使用了音乐，相关视频已全网下架了。

"Bigger研究所"带来的音乐侵权纠纷案例告诉我们，规避版权问题是多么重要的一件事情。

第五，切勿让背景音乐喧宾夺主

有的新手缺乏制作经验，在短视频后面配上一段很吵闹的音乐，结果硬生生地盖过了人物的对话，这样会严重干扰人们对视频内容的理解，是一种很不明智的做法。

综上所述，大家一定要恰当使用背景音乐，只有选取合适的背景音乐，才可以给短视频带来更多的流量，才有利于激发用户分享传播。

做一个让视频变爆款的"剪刀手"

短视频拍摄完成之后，并不能立即上传，还需要借助视频剪辑软件将各个镜头按照一定的逻辑连接起来。另外，在拍摄过程中，难免会出现说错台词、做错动作、配合不到位等情况，这个时候也需要将其剪掉。当然，为了让短视频更加具有视觉冲击力，我们在剪辑的时候还有必要在关键的地方添加字幕，制作特效等。

而要想轻松完成上述剪辑任务，拥有一款趁手的剪辑软件很有必要。下面介绍几款实用靠谱的剪辑软件，它们可以帮助你高效完成剪辑任务。

第一，Adobe Premiere

Adobe Premiere是一款由Adobe公司开发的视频编辑软件。这款软件兼容性强，功能齐全，你可以利用它完成采集、剪辑、字幕添加、制作画中画、调色、美化音频等。除此之外，它还可以将视频的素材进行切换、叠加、过滤、变形等一系列特技处理。

不过，正是因为这款软件功能比较强大，所以在操作的过程中势必会有一些高难度的挑战，为了能够创作出高质量的作品，大家还需要多多学习运用。

第二，Vue

如果你是一名Vlog的创作者，那么不妨试试这款名叫Vue的软件，它专门设置了Vlog套件，你只需添加素材，它就能一键自动生成一段Vlog视频。另外，其强大的美颜、滤镜功能对于Vlog创作者而言也很友好。大家在拍摄的时候可以快动作拍摄、慢动作拍摄，或者分段拍摄，也可以根据自身需求设置想要的转场效果。如果你不知道怎么使用，也可以在"学院"功能里观看教学视频。

第三，快剪辑

快剪辑是国内首款支持在线视频剪辑的软件，它支持iOS、安卓设备。这款软件界面干净整洁，功能基本齐全，支持画面分割、混剪、音频调节等多种剪辑操作。更重要的是它还有"快字幕"功能，可以在录制语音视频的时候，精准识别生成字幕。当然，你还可以借助快剪辑上的多个短视频平台，推广自己的短视频内容，树立自身的品牌形象。

第四，Adobe After Effects

Adobe After Effects简称"AE"，是Adobe公司开发的一个视频剪辑及设计软件。它主要用于制作特效。我们平时看到的很多短视频里的动作特效就是由AE剪辑完成的，比如炫酷的悬浮、魔法阵特效、烟雾、地面塌陷、地面爆裂等。短视频创作者若是能在关键的情节里恰到好处地加入一些特效部分，既有利于表现视频主题，同时也能给用户耳目一新的感觉。

第五，Adobe Audition

Adobe Audition简称"Au"，是一款堪称专业级别的音乐录制、制作软件。如果你在拍短视频的时候不得已混进去一些汽笛声、风声、路人的杂音，你可以用这款软件进行消音。另外，Au还可以根据你的需求变声，无论是娃娃音，还是老人音，都可以实现。

当然，在应用商城里，可供使用的剪辑软件还有很多，在此我们就不一一列举了。大家在后续的剪辑过程中，具体使用哪款软件，还需要根据自身短视频的内容加以筛选。不过，不管使用哪种软件剪辑都需要注意以下几个事项。

1.适当调色

很多短视频拍摄完成之后，总给人一种灰蒙蒙的感觉，看上去没有一点质感。这个时候需要适当调色，使画面变得亮丽、鲜艳。一般来说，经过后期大师调色后的作品，视觉享受上都会有一个极大的提升，能有效帮助用户提升观看的欲望。

2.所有的剪辑都围绕短视频主题展开

短视频主题非常关键，后期的剪辑工作都要围绕主题展开，比如短视频具体采用什么样的特效，什么时候快放或者慢放，背景音乐插播什么样的曲目，都是根据短视频主题而定。

3.镜头切换自然连贯

首先，镜头组衔接要按照一定的逻辑关系进行，否则用户看得云遮雾罩，不明所以；其次，镜头组衔接要遵循"动接动，静接静"的原则。另外，景别的过渡要和谐自然，同景别镜头不能够相接。

4.注意短视频的节奏感

在视频剪辑的时候，把有用的素材依次插入时间线，把没有音波的停顿的部分剪掉，这个时候整个短视频看起来节奏就非常快了。为了让短视频看起来松弛有度，大家可以把短视频中含有关键信息的部分稍微拉长一点，这样方便用户捕捉到你要表达的重点信息。

5.注意字体的设置

有些短视频需要添加文字部分，大家在添加的时候一定要调整好字体的大小、间距、颜色，以及位置，以保障添加的文字部分不会和短视频平台上呈现出来的标题部分重合。

　　总而言之，后期的短视频剪辑不是一个简单的任务，它需要注意方方面面的细节问题，这样才能保障给用户带来好的视觉体验。对于小白而言，要想剪辑出一个具有爆款属性的短视频，还需要多加学习和历练。

第六章

账号运营：

唱好这出短视频变现前的重头戏

4 个方法，教你高效获取种子用户

短视频账号在建立之初，没有高的权重，没有大的推荐量，更没有粉丝的捧场，要想上热门涨粉确实是一件比较困难的事情。不过万丈高楼平地起，每一个百万级的大号都是一步一步地从零做起的。

作为一个新账号的运营者，首先应该放平心态，其次可以通过以下几种方法，高效获取第一批死忠粉，以此为后续的变现打下坚实的基础。

第一，用优质的内容紧紧抓住用户

不管短视频发展到什么样的阶段，优质的内容始终是刚需的。优质的内容能够凭借自身的优势牢牢地锁住用户的视线，让其看得欲罢不能。

比如，西瓜视频里有一个叫"老邪说电影"的账号，这个账号主要用搞笑的方式吐槽目前影视行业的各种雷剧。短视频里的老邪诙谐幽默，且非常毒舌，他用机关枪的语速吐槽雷剧里的虚假人设、狗血剧情等，让观众看得哈哈大笑，直呼过瘾，于是经常在评论区催更。

俗话说，要想得到一匹马，先种一片草原，等草肥了，马儿自然也来了。同样的道理，要想留住一批忠实的用户，唯有输出优质的内容，这样用户在优质内容的吸引下自然会点赞关注。

第二，多渠道引流

如今已经不是酒香不怕巷子深的年代了，在今天竞争积累的短视频市场上，如果你一味地保持佛系的行事作风，那么很难从别的竞争者手中抢夺到用户的注意力。

一个优秀的短视频运营者懂得通过朋友圈、微信群、知乎、贴吧、微博、论坛等渠道提高作品的曝光率。当然，如果大家资金充足的话，也可以选择付费推广，这样获取种子用户的效率会更高。

比如抖音上有一个Dou+的功能，这个便是用户向抖音购买流量的一个工具。运营者在购买之后就会获得抖音更多精准的用户推荐，有相关兴趣的用户在看完你的短视频内容之后，如果有想继续看下去的冲动，那么他就有可能转化成为你的忠实粉丝。

当然，除了上述提及的推广形式之外，你还可以采用转发抽奖和线下赠送小礼物的方式获得用户的关注。

第三，通过热点吸引用户的目光

对于短视频涨粉这个事情，资金雄厚的运营者可以花钱烧Dou+，才华横溢的可以靠优质的内容，那么对于既没钱又没才华的普通小白又该怎么做呢？其实蹭热点是一个不错的选择。

热点新闻和热点事件自带流量，大家只要看到最近刷屏的热点内容，可以想方设法蹭一蹭，这样播放量和粉丝量都有可能飞速增长。

比如2020年6月3日，非洲裔男子乔治·弗洛伊德被明尼苏达州白人警察暴力跪脖，最终不幸身亡。这一事件引发了全国性的示威活动，美国多州由此爆发骚乱。针对这个刷屏级的大热点，如果你能够搜集整理出最新的动态，或者就此事发表自己独特的看法，那么更容易获得用户的关注。

西瓜视频里有一个名叫"地图飞鱼"的账号就凭借着一则标题为"惊魂未定，亲历美国明尼阿波利斯市骚乱现场！在美华人请注意安全"获得了602万的播放量。可以说，这个短视频账号靠着蹭热点这个技能吸引了大批潜在用户的目光。

另外，大家需要注意的是，蹭热点不仅仅是指蹭热点新闻和事件，一些时下火爆全网的热点音乐、热点话题都可以拿来蹭一蹭。当然了，为了保证热点新闻的时效性，你可以经常打开微博热搜榜，或者头条热榜浏览一下，这样有利于你抓住时机，收割粉丝。

最后要提醒大家的是，热点也不能盲目乱蹭。只有与你垂直领域相关的热点才可以蹭，否则你就会徒劳无功，无法有效地吸引到精准的粉丝。

第四，互利合作

以前听过这样一个故事：两个饥饿的人，有天得到一个长者的恩赐，一个得到了鱼竿，一个得到一大箩筐的鱼。之后二人分道扬镳。得到鱼竿的人奋力向海边跑去，结果因为路途遥远，还没到达海边就被饿死了。得到满筐鱼的人把鱼吃完之后，由于没有钓鱼的工具，最后也活活饿死了。

这个故事启发我们：互利合作是一件非常重要的事情，假使两个饥饿的人在得到赏赐之后能够同行，一边烧鱼吃，一边向大海走去，最后一定不会得到一个饿死的结局。

同样的道理，短视频运营者在账号刚成立之初也可以与其他的自媒体人通力合作，相互导流，慢慢地也会积攒一部分有效用户。

当然，除了上面提到的四种方法之外，短视频运营者还可以在热门视频，或者竞争大号的短视频下留言，凭借着独到的观点或者亮眼的神回复也可以有效吸粉。

数据分析，短视频运营中至关重要的一环

身为一名短视频运营者，账号刚刚建立之初肯定对短视频平台的规则、用户的观赏喜好以及短视频的选题不太了解，因此输出的内容未必很受用户的欢迎。这个时候很有必要通过一系列的数据分析来优化短视频内容，调整创作方向，改善短视频发布的时间。

那么具体应该如何进行数据分析呢？分析的切入点都有哪些呢？下面是可供参考的几点建议。

第一，分析自身的数据指标

首先我们需要对自身的账号有一个基本的数据诊断。比如，短视频平台给自己账号的初始推荐量是多少，相较于之前有无增减。如果推荐量明显减少，那么好好反思一下自己的视频内容有无违规，短视频的标题是否有夸大或者虚假的嫌疑。

分析完初始推荐量之后，我们还可以看看短视频的完播率究竟有多少，如果这个短视频完播率很高、播放进度很长，那么说明这个内容很受用户欢迎，后续还能接着发力。如果这个短视频的跳出率比较高，那么说明你的短视频可能存在以下几个不足之处：

1.剧情太过拖沓，用户看得失去耐心

看过烂剧的朋友们一定有这样一种很不爽的经历：一集电视剧本来时长就不多，中间还掺杂了很多重复回忆的镜头以及无关紧要的情节，大家

虽然很好奇接下来的剧情走向，但是看着看着就被这些注水剧集给磨没了耐心，最后果断弃剧。

其实做短视频也是一样的道理，本来短视频的时长就不长，如果你的剧情开头再啰啰唆唆，毫无看点，那么用户一定会毫不犹豫地翻看下一个视频。

2.封面和内容毫无关联，用户进入后发现与期待的完全不一样

有些短视频博主为了博人眼球，故意在封面上放上一些惊悚刺激的图片，或者颜值高、身材好的美女，结果用户点开之后发现短视频内容与封面毫无关联，于是心里产生很大的落差，最后气愤地关掉这个短视频。这样的做法即便获得了更多的播放量，但是却十分伤害用户的感情，甚至还有可能遭到用户的投诉，因此一定要杜绝此类行为。

3.短视频的质量偏低，或者里面所阐述的观点用户并不认同等

有些短视频博主发布的内容十分无聊，他们只是打开美颜、打开滤镜，朝着镜头吐吐舌头，歪歪脖子，卖一下萌，这样无聊的内容势必无法留住用户。当然，还有一部分短视频博主倒是输出了自己的观点，不过他们的观点与用户固有的价值观相背离，用户听着毫无道理，也会果断退出。

总之，短视频运营者一定要从多个纬度反思，自己的短视频内容究竟出了哪些问题，只有把问题揪出来，后续才会产生更多受欢迎度高的作品。

第二，用户对短视频的反馈数据

播放量是衡量短视频是否受用户欢迎的重要指标。如果发布在同一平台、同一时间段的短视频相较于前几个短视频，播放量呈现断崖式下滑，那么就得反思自己的封面和标题是否具有吸引力。

如果同一短视频在同一时间段发布到不同的平台，一个播放量高，一个播放量低，那就调整短视频的内容，以使其符合低播放量的平台的调性；

如果你的短视频账号内整体的播放量都比较低的话，那就说明短视频的质量有待提高，后续只要你坚持有规律地输出优质的内容，播放量自然会慢慢提升。

当然，用户对短视频内容的反馈指标除了播放量外，还有评论量、点赞量、转发量、收藏量、关注量。

评论量高的短视频说明其策划的内容能够引起他人的共鸣，或者里面有争议性的观点。如果你的短视频的留言区空空如也，那就要努力寻找用户的痛点，激发其共鸣感，同时还要加强引导，以此促进双方的互动。

点赞量高说明用户非常喜欢你的短视频，你可以将高点赞量的短视频集中在一起，然后分析促使用户点赞的原因究竟有哪些。汲取宝贵的经验之后，后续你还可以加工制造出更多受欢迎的作品。

转发量代表了用户的分享欲望，用户高转发量的背后无非有以下几种心理动因：觉得短视频里的这个观点很认同，说出了自己的心声，所以很想转发给自己的亲人朋友看看；这个短视频很搞笑，看得人忍俊不禁，所以想把这个短视频转发出去，让更多人分享到这份快乐；短视频内容非常感人，看着非常催泪，所以想把这样温暖且有正能量的作品传递给更多人知道；短视频内包含了某个实用的技能，对做成某件事情很有帮助，所以想转发一下给需要的人看；短视频里有一些很新鲜、稀有的东西，出于"我早知道"的心理优越感，所以很愿意把它们分享出去。

大家明白了用户转发的这些心理动因之后，就知道以后怎么创作短视频才能获得更高的转发量。

收藏量也代表了用户对内容价值的肯定。一般来说，收藏量高的短视频说明用户反复观看的欲望比较大。

关注量代表用户对你账号的充分肯定。关注量越高，说明你的内容越有吸引力。

一般来说，阅读量高，点赞量和转发量低的短视频通常内容质量不行，后期有待进一步提升；收藏量高、转发量低，说明你截中了用户的痛点，说出了他们的心声，但是分享出去又怕得罪别人；点击量高，但是关注率比较低，说明整体内容还是缺乏足够的吸引力，没有好看到让他忍不住关注你的程度。

第三，与竞争对手的数据对比分析

同一领域的短视频账号，如果粉丝量相当，但播放量和点赞量远远落后于别人，那就需要考虑自己的选题是否合适，表达形式是否缺乏新意，更新的频率是否过低等。

另外，为了获得更高程度的推荐，大家在做选题的时候尽量要有创意，切入点不雷同，表现形式新颖的短视频更容易获得理想的数据反馈。

最后，要提醒大家的是，在进行短视频数据分析时，除了观察自己后台的数据外，大家还可以借助飞刮数据、卡思数据、西瓜指数、可视化分析工具等进行更为全面的分析。

提高短视频的点赞率、完播率的几种实用方法

在前面的章节中，我们也了解到，点赞比和完播率代表着你的短视频在用户心中的受欢迎程度。一个短视频的点赞率越高，完播率越高，越容易受到平台更多的推荐。

为了让自己的短视频获得更高的推荐量，也为了更快实现涨粉变现的目的，大家可以通过如下几种方式提高点赞率。

第一，利用用户的从众心理获赞

美国的一个心理研究所做过这样一个实验：在医院的走廊里，坐了十几个人，当"哔"声响起时，其他所有测试者都按照事先安排好的站起身来，其中只有一个被测试者看到这样的情形一脸疑惑。紧接着，第二声"哔"响起，众人又重复之前起立的举动，这个时候被测试者脸上渐渐变得非常不安。当第三声"哔"响起时，与众人步调不一致的被测试者再也坐不住了，她跟着大伙也慢慢地站了起来。后来，里面的被测试者一个个都被叫了出去，而"哔"声一直不断，剩下的人依旧跟着声音重复之前的动作。过了一会儿，走廊里就只剩下了被测试者一个人，但她依旧随着声音站立，没有丝毫懈怠。

从这个实验中我们可以看出，人是有盲目的从众心理的，当自己的行为与大众不一致的时候，就会在心理压力的逼迫之下选择随大流。

同样的道理，当你的短视频发布出去之后，如果没有人点赞，那么别

的人看到之后，即便很认可这个作品也懒得点赞。反之，如果你自己给自己点个赞，或者邀请亲朋好友帮你点个赞，那么别人看到点赞按钮时，也会在从众心理的作用下不自觉地点一下。

第二，真诚地邀请别人点赞

《庄子·渔夫》里有这样一句话："真者，精诚之至也，不精不诚，不能动人。"如果你在短视频里真诚地邀请别人点赞，那么很多人会看在你有诚意的份上，爽快地答应你的请求。

比如，抖音里有一个叫"麻辣德子"的美食账号，这个账号每个短视里几乎都有这样一个情景：主角德子在做菜的间隙，面带微笑，双手合十，满脸真诚地说一句："感谢每一位给德子点双击的朋友们，谢谢您。"紧接着身体九十度鞠躬，诚挚道谢。

这样的情节设置让每一个看过的用户都不自觉地为他的诚意点赞，很多用户都觉得若是不按下那个右边的点赞按钮，都对不起他真诚的鞠躬。

第三，语言引导，促使用户点赞

有的时候大家在刷短视频的时候都被里面的内容吸引了，一时半会儿意识不到点赞。这个时候，适当的引导很有必要。比如，抖音账号"竹编技艺大师（奇人匠心）"里就有这样一个短视频标题："看到眼前手工编制的作品，有的好几天才能编出一个，你愿意为坚持非遗的手艺人点赞吗？"

这个标题起得非常好，一来凸显了手工编织品来之不易，二来唤起了人们内心对非遗的手艺人的支持，因此当大家看到"你愿意为坚持非遗的手艺人点赞吗"这样的话时，忍不住随手就是一个赞。

当然，刷短视频多了，你会发现求赞还有很多的套路，比如欲迎还拒型，他们的说辞通常是这样的："如果你能翻到这个视屏，先别着急退出，停几秒，我什么都不要，我不要点赞，我也可以不要关注，但如果你支持手艺人，喜欢手艺的话，可以点赞支持一下吗？"

再如卖惨求同情型，他们是这样引导你点赞的："俺娘叫俺不要发了，没有人会给农村人点赞的，我就是不想放弃，累了一天了，再拍一个试试看，你们愿意给一个赞吗？谢谢大家。"

当然，还有热情老铁型的，他们的固定台词是这样的："老铁，既然看到这里了，就动动你发财的小手，给老妹一个免费的双击，关注老妹不迷路，666！下一期老妹给你们表演……"

再者，大家还可以利用用户的认同感求赞，比如抖音账号"一双小眼睛"里有这样一段短视频台词："成熟的女人谈钱，幼稚的女人谈感情。谈钱的女人过得风生水起，而谈感情的女人却输得一塌糊涂。"

这段话对于那些只谈感情不注重物质的女人而言，简直扎心了。所以当她们看到标题里有一句"觉得我说的对的点赞"的话时忍不住点一个赞，以表示自己的认同感。

最后，友情提醒一下大家，有些用户会有逆反心理，你越想让他点赞，他越会跟你对着干，所以上述前三种套路用的时候要谨慎一点，不是任何情况下都适合。

第四，在短视频的结尾处安排一个亮点

有调查结果显实，大多数人都保持着看到结尾才点赞的习惯。所以，这个时候，如果短视频创作者能够在结尾处安排一个反转的剧情，或者出人意料的结局，那么一定会给用户眼前一亮的感觉，这个时候点赞便成为一件自然而然的事情。

比如，有一段时间在抖音里看过这样一个短视频，短视频的男子可怜巴巴地跟大家说，自己第一次用手机点外卖，不会用，注册了半个多小时，结果……就在大家以为他要注册成功的时候，他竟然来了一句神转折："结

果成为一名骑手。"一下子让剧情来了个180度的大转弯，买家变骑手，让用户始料未及，哭笑不得。这样的反转剧情，这样亮眼的结尾无疑给了用户一个点赞的理由。

第五，利用用户的损失厌恶心理获赞

中国有句古话叫："金窝银窝，不如自己的狗窝。"为什么一个人面对金窝银窝，都不愿意用自己的狗窝做交换呢？其实根本原因是损失厌恶心理在作祟。金窝银窝即便再昂贵，但是一想到交换会丢掉狗窝的舒适感，便不再愿意交换。

从中我们可以得到一个启示：在短视频创造中，先给用户制造一种损失感，然后利用用户损失厌恶心理，促使其点赞关注。比如抖音账号"尚瑞轩｜尚道设研"里有这样一个短视频标题："内容太多，所以做成了上下；内容比较干，建议先点赞收藏，有时间拿本子记下来。"当用户看到里面确实有干货满满的有关职业规划的指导内容时，都忍不住想点赞收藏一下。他们害怕现在不点赞收藏，以后会错失这样有价值的内容。

以上便是提升用户点赞量的几个方法，大家了解了这些套路之后可以根据自己的实际情况灵活运用。

当然了，要想提升平台的推荐量，仅仅提升用户的点赞量是远远不够的，我们还需要想方设法提升短视频的完播率。以下是几个提升短视频完播率的方法，你不妨一试。

第一，根据用户的需求，制造出符合用户口味的短视频来

每个人都有自己感兴趣的东西，碰到喜欢的东西时，看得津津有味，即便内容结束，仍然意犹未尽；如果碰到不喜欢的东西，则觉得多看一分钟都是在浪费时间，更别提完播了。

所以，大家在创作短视频之前，一定要给用户定好位，了解清楚他们内心真正的需求，这样你才能制作出符合他们口味的短视频来。如果你的目标用户是一群二十几岁的年轻姑娘，那么你可以在短视频的封面上设置一个阳光帅哥的男孩形象，也可以跟她们聊聊风花雪月的爱情故事，还可以用一些温馨浪漫的镜头撩拨一下她们的少女心，这些都是她们感兴趣的内容，碰到这样的内容她们跳出页面的概率会非常低。

第二，给用户做出某个承诺

为了防止用户过早地退出短视频，大家可以在标题里给大家一些承诺，比如"别走开，结局有惊喜""别退出，结局有彩蛋""坚持看完，结尾神反转"。此类的话可以大大提升短视频的完播率。

最后，想提醒大家的是，不管提升点赞率、完播率的套路有多少，其实最根本的还是要提升短视频的质量，只有持续产出优质的内容，才会受到众多粉丝的追捧，将来上热门的概率才会变得更大。

如何提升短视频的评论比

评论比是提升短视频热度的一个关键因素，评论量越高，短视频上热门的概率就越高。作为一名短视频运营者，怎么样才能更高地提升短视频的评论比呢？其实在引导用户评论之前，我们首先要了解一下用户发表评论的心理动机。

一般用户愿意在评论区发表留言无非出于以下几种原因。

第一，对某个东西好奇

经常刷短视频的人，一定能在评论区看到这样的留言："这个好听的BGM是什么？""这个短视频是在×××地拍摄的吧？求那个蓝色裙子的链接！""宝宝可不可以喝豆浆？"如果短视频里有一些亮点内容，或者有关的健康常识，很多人出于好奇会在评论区留言提问。

第二，想要展示自己的博学多才

比如抖音账号"神犬嗅货"里发布了这样一段介绍网红掰掰乐的短视频：网红掰掰乐表层是PVC塑料，里面却是液体凝胶，还有个小铁片，正常状态下常温柔软，但只需摆动下小铁片，即以肉眼可见的速度开始凝固，并散发出高温，最高可达52摄氏度，持续时间约半个小时，冷却后以固态形式存在，在沸水中加热三分钟，可软化成液体后重复使用。

面对这样一个常见的网红产品，里面却暗藏着一个深奥的科学知识，大部分人对此现象疑惑不解。这个时候若是有个专业人士解答出现在评论区，那一定会引来很多艳羡的目光，大家瞬间觉得这个人一定是一个博学多才的知识分子。

于是有些想急于展示优越感的用户看到短视频标题里的问题"你知道是什么原理吗"时就会迫不及待地写出其中发生的化学反应。

第三，用户感同身受，有话可说

有些短视频内容写得非常扎心，能够深深地击中用户痛点，从而激发他们的表达欲。比如抖音账号"石榴妈咪"里有这样一个关于远嫁的选题，针对这个选题，短视频里设计了一些非常扎心的台词和剧情：女主妈妈的生日快到了，她跟丈夫商量，下个月能否带着孩子一起回娘家庆祝，丈夫却说路途遥远，车费又贵，发个红包表示表示即可。

"放弃生你养你的父母，吵吵闹闹的兄弟姐妹，一起长大的朋友，而如今你嫁的他早已不是最初的他，难过了不能向亲人诉说，委屈了没有朋友吐槽，好像全世界只剩下你一个人，此刻你却没有办法洒脱地逃离，因为你有了孩子，有了一辈子不能放手的软肋，所以你必须刀枪不入。"

当很多远嫁而过得不幸的女人听到这段戳心窝的话时，忍不住感慨万千，想跟大家分享自己的相似经历。

以上就是用户发布评论的几种心理动机。大家掌握了他们的心理活动之后，在创造短视频的时候就会有的放矢，能够更有效地提升短视频的评论比。

以下是几种激发用户评论的实用技巧，对于短视频运营者很有帮助，如果你是这方面的小白，不妨一试。

第一，给短视频里设置一些有看点的内容

比如，有些短视频博主在展示产品功效的时候，特意在一旁放上一只仿真老鼠，仿真老鼠飞快地在某个镜头里一下子闪过去，眼尖的网友势必会发现这一切，于是大家急切地把自己的发现写在评论区，很多人看到评论也会纷纷附和。这种套路可以增加评论区的人气，能够有效帮助短视频获得二次推荐。

当然了，除了一些惹眼的道具之外，你还可以在短视频里安插一些热门好听的背景音乐，穿一些有个性的衣服和鞋子等，这些都会成为短视频中的亮点，用户看到这些亮点都会忍不住在评论区发言。

第二，抓住用户的痛点，引发其共鸣

在前面我们也提到过，用户若是因为作品里的某个情节产生情绪共鸣，那么他的表达欲很容易就会被激发出来，这个时候，他们会愿意在评论区分享一些自己的相似经历，或者过往感受。

第三，发表一些反常识的言论

很多美食领域的博主，在更新作品的时候会说这样一些反常识的话，比如"加入一个公鸡蛋""撒上155粒芝麻"等。大家都知道，母鸡才能下蛋，做饭放调料的时候也不可能一粒一粒地数，所以上面的这些说法都跟常理相悖。这些短视频博主当然也有这样的常识，但是他们为什么会这样做呢？其实就是为了引发大家的吐槽欲望，目的就是引导你在评论区留言。

第四，在短视频的描述区提问

这是很常见的一种提升短视频评论比的方式。具体的话术有："大家觉得我说的对吗？""修车不换件，到底应不应该收费，评论区见。""婆婆应该帮忙带孩子吗？"

大家可以设置类似这样的开放式的问题，这样用户在不知不觉中就会在评论区把自己的观点和见解说出来。

另外，大家需要注意的是，描述区的提问不能太难，这样会无形中提高大家评论的门槛，从而不利于评论比的提升。

第五，设置初始评论

什么是初始评论呢？其实就是短视频博主在发布作品之后，在没有留言的情况下，自己在评论区发表一些言论。当然，你还可以邀请亲朋好友一起参与其中，以此引导其他陌生的用户加入讨论的阵营。

比如，抖音账号"孙能能"发表了一个关于喜欢和爱的区别的短视频内容，为了打破零评论，也为了引导更多的用户参与到讨论中来，该短视频运营者自己主动在评论区率先留下两个评论："有没有一瞬间反应过来，这辈子没遇到一个真正爱自己的人。""抖音时时刻刻提醒你，没人爱你。"这两句评论很好地引爆了评论区，后来大家针对这个话题纷纷表达了自己的看法。

以上便是提升短视频评论比的几个技巧，大家可以根据自身的选题和内容灵活使用。我们只有积极引导用户参与到互动中来，短视频热度才会有一个很大的提升。

把握好短视频分发的时间和渠道

在短视频盛行的今天，越来越多的内容创作者都想抓住短视频的风口实现内容变现的目的。不过，如今的短视频平台众多，对于一些新入行的小白运营者而言，根本不知道如何辨别和选择，更不知道在什么时间段分发内容，更容易让短视频上热门。下面我们就从分发渠道和分发时间两个维度分析，以帮助大家找到适合自身内容的变现之路。

如今，最火的短视频平台有如下几个，它们各自都有不同的定位、不同的运营模式、不同的人群属性等，下面我们从多个方面了解一下各个短视频平台的调性。

第一，抖音

抖音是今日头条旗下的一款产品，如今已经发展成为国民级APP。日活用户达到3亿之多。它给自己的定位是："专注年轻人的15秒音乐短视频社区。"从品牌定位，我们也可以看出，它的受众用户多为24岁以下的年轻用户，且女性占比会更高一些，他们主要分布在一二线城市，对视频的质量要求更高一些。

抖音目前的视频长度最高可达15分钟，不过，对于新人而言，短视频不必过长，创作15秒以内的有趣、有料，且适合年轻人口味的短视频就很容易涨粉。

第二，快手

快手对自身的定位则是："分享和记录生活。"它的用户相对来说比较下沉，用户主体多为三四线城市以及农村乡镇的年轻人。快手的存在就是为了满足城镇用户对农村用户的好奇心，以及农村用户的表达欲望。因此，快手也被认为是"草根秀场大舞台"，它的内容非常接地气，而且质量也参差不齐。

快手流行的是老铁文化，很多网络流行语"双击666""老铁"均出自快手。快手和抖音一样，要求竖屏格式。视频长度1分钟左右。

第三，西瓜视频

西瓜视频是字节跳动旗下的个性化推荐视频平台，是今日头条的视频版本。它里面的内容涉及的范围非常广，既有育儿常识，又有影视剪辑；既有历史文化，又有农村生活；既有科技知识，又有体育赛事……总之内容非常丰富，可看性比较高。主流用户是"80后"到"95后"。

西瓜视频的时长大概2~5分钟，上传的时候要求横版视频，不过观看的时候横竖兼可。另外，在西瓜视频发布作品还可以获得报酬，至于报酬的多少则是按照播放量的多少而定。

第四，火山小视频

火山小视频是一款15秒原创生活小视频社区。它是今日头条的孵化，之后更名为抖音火山版。主流竖屏。视频长度在15秒以下。主要使用人群在30岁左右。火山小视频整体风格更趋于生活化，里面有很多做饭、生活技巧、广场舞等内容分享，与其他短视频APP相比，内容的新奇度和吸引力略逊一筹。

另外，火山小视频也是一款有分成的短视频APP，它是根据火力值兑换现金的。

除了以上介绍的几种常见的短视频平台之外，平时我们还能看到美拍、爱奇艺视频、好看视频等。总而言之，发展起来的短视频APP非常多，在这里就不一一赘述了。

面对如此多的短视频平台，我们应该如何取舍呢？其实原则很简单，那就是精细化运营，不要贪多。毕竟在刚创业初期，创作者的时间、精力、经济条件有限，不可能长出千眼千手进行多渠道分发运营。与其贪多嚼不烂，还不如精细化运营，把自己的时间和精力放在适合自己的平台上。

那么什么样的平台才适合自己呢？这个还要根据平台的推荐机制、品牌调性、主流用户、收益情况具体分析，在分析的过程中，发现哪个平台与自己的短视频内容契合度更高，就选哪一个平台。

了解了短视频的分发渠道之后，下面我们再来了解一下各个短视频分发的最佳时间。

一般来说，在一天24小时之内，人的工作和休闲娱乐的时间都是固定的，因此早上7点到10点是用户碎片化浏览短视频的时间段。大家在起床吃早餐、坐地铁上班、上厕所的时候都可以摸出手机刷一下。

中午12点到下午2点，傍晚5点到7点则是下班的高峰期，这个时候大家进入午餐休息的时间，因此短视频的流量高峰期也就到来了。到了周末，9点到13点的用户活跃度也很高，到了18点以后也能收获一波较大的流量。

上面讲述的只是普通上班族的作息时间。不过大家在发布短视频的时候要根据自己目标用户的具体情况确定发布的时间点。

比如你的目标用户是全职宝妈，那么一般来说，她刷手机的时间是在孩子午休的时候和夜间10点以后，这个时间段宝妈才能卸下一身的家务活，获得片刻的休闲娱乐时间。

另外，由于各个平台的调性、定位、受众群体、推荐机制有所差异，所以每个平台的视频最佳发布时间也各有不同。根据调查的结果来看，抖音的互动高峰期是13点到18点；快手的流量高峰期集中在12点到14点，以及20点到23点。大家需要根据这些流量高峰期的时间点发布视频，这样更容易上热门。

最后，需要强调的是，上述内容只是一个参考，大家发布短视频的时间还需要根据目标用户的生活习惯、职业特点以及发布平台综合考虑。当然，为了能找到最佳的发布时间段，大家还可以到同领域的头部账号仔细分析研究，他们的发布时间以及数据表现也可以帮助你收获很多运营经验。

多维度推广，轻松获取众多拥趸

在这个短视频崛起的时代，很多企业和个人都想通过短视频创作分到一块利益的蛋糕。不过漫漫掘金路，并不那么好走。很多人做了几个月的短视频还是没有什么起色，而且对于推广涨粉之道也是一无所知。下面我们就为大家介绍一些关于短视频推广的实用技巧，希望这些方法能够帮助你飞速涨粉，顺利变现。

第一，开启个性化的内容创作

在内容同质化严重的今天，你想要在短视频领域杀出一条血路实属不易。那么如何做才能在竞争激烈的短视频领域崭露头角，让粉丝在很短的时间内就能关注到你呢？开启个性化的内容创作是一个不错的主意。

所谓个性化的创作包括这四个方面的内容：

1.内容具有独特性

比如，同样是搞笑领域的创作者，大多数的账号都是通过表演的形式，将一个搞笑段子展示出来，但是西瓜视频里有个叫"优优二"的账号则是通过"合拍＋模仿"的形式给大家带来诸多欢乐，这样形式新颖的内容很容易给人留下深刻的印象，也容易被用户关注。

2.人设不与其他的账号雷同

比如，美食领域的厨师大多都是男性形象，而西瓜视频的账号里则有一位干脆利落，巾帼不让须眉的女总厨张晨冰。她做饭干脆利落，手起刀落之间,一盘色香味俱全的食物就摆在你的眼前,这样的女厨形象在美食领域的账号里想不引人注目都难。

3.内容精细化

所谓的内容精细化,就是同一领域不断细分出不同的类目。比如,化妆领域的创作者非常多,你可以像西瓜视频里的"百变阿秀"那样,只画模仿明星的妆容。再如,美食领域的创作者很多,为了避免同质化严重,你可以专门创作关于宝宝辅食的作品,也可以只发布美轮美奂的果雕作品,还可以专注发布一些减脂餐等。

4.有自己独特的风格

西瓜视频里一个叫"初九"的账号用一个小小的双面镜便演绎出了风格迥异的多面角色;抖音账号"毒舌电影"里的拼凑式的背景封面给了用户一种看大片的既视感。这些风格独特、特点明显的作品总是给人一种满满的新鲜感,大家看过之后就会把它们深深地刻在脑海里。

以上便是依靠内容推广的几个套路。这些套路可以帮助短视频运营者实现内容的差异化,从而轻松获得众多拥趸。

第二,用大号推荐小号

当一个账号运营到一定的阶段时,粉丝量很难实现质的增长。这个时候,我们可以再注册一个与大号不同类型的小号,然后用大号为小号推广引流。因为大号已经聚集了大量的粉丝,所以小号在大号的关照之下也获得了较大的曝光量。

最后,两个账号在相互帮扶之下,在各自的领域中吸引了大量的流量。不过打造这样的短视矩阵需要花费很多时间和精力,对于独自创业的个体而言,几乎没有办法实现。所以这个方法只适合于一些拥有团队的电商和企业。

这些电商或者企业可以利用两个内容垂直且不交叉的账号覆盖自己的所有业务。这样更容易吸引到大量的粉丝，从而最大程度上拓宽变现渠道。

第三，蹭爆款短视频的热度

有些短视频创作者在独自探索的道路上，常常会出现思维枯竭，找不到好选题的尴尬情景，这个时候你不妨蹭蹭爆款短视频的热度，比如和爆款短视频合拍一下，模仿一下其创作的形式或者套路，这样也能帮助你吸引一些流量。

另外，如果你在蹭热度的同时能添加一些有创意的元素，那么短视频还有爆火的可能。

比如，有段时间抖音有一个拿西瓜扇翻唱《花桥流水》的小姐姐彻底爆火了。这位长相清新的小姐姐用拿捏到位的表情淋漓尽致地为大家展现了女子的娇羞之美，西瓜妹也凭借着给力表演收割了数百万粉丝，最后这条短视频的点赞量已经超过200万。面对这一爆款短视频，很多短视频博主选择了合拍，很多人因为合拍上了热门，获得了更多的曝光量。

其中最值得称道的是著名情感导师涂磊，这个一向以犀利、冷面著称的大叔模仿起西瓜妹毫不含糊，他抓住西瓜妹欲拒还迎的娇羞情态，展示了一个男人婀娜与温柔的一面，瞬间这个与涂磊形象反差极大的短视频也爆火了，网友看了纷纷调侃：涂老师也这么调皮，不怕老婆揪耳朵吗？

第四，利用短视频平台推广

以抖音为例，2018年10月30日，抖音联手合作伙伴共同举办了"'Vwin蓝引力'2018抖音蓝V生态大会"。大会介绍了一系列蓝V的产品功能和抖音蓝V长期成长计划。企业可以借助抖音蓝V成长计划提供的榜单、扶持、运营、培训等服务高效吸粉，快速成长。

当然，蓝Ｖ成长计划只是平台提供的其中一项推广服务。如果你有兴趣，还可以参加平台发出的官方联合话题挑战赛、创意贴纸等，这些推广服务都有利于提升短视频的曝光量。

另外，除了抖音，西瓜视频也推出了一系列有利于企业和个人推广短视频的项目，比如金妙奖。获奖作品会得到更多来自西瓜视频的品牌曝光机会和传播资源扶持，并且会被优先纳入西瓜视频联合出品计划。

总而言之，短视频推广的渠道非常多，形式也非常丰富。如果你打算在短视频领域深耕，就要学会眼观六路耳听八方的本领，不断地从各个平台的头部账号中吸取经验和教训，这样你的短视频创业之路才会越走越远。

这几个增加粉丝黏性的套路，你值得拥有

俗话说："打江山容易，守江山难。"对于那些短视频运营者而言，有的时候维护粉丝比涨粉工作更加难做。很多用户面对五花八门的短视频内容看得眼花缭乱，前一刻还沉迷在你的短视频内容当中哈哈大笑，后一刻就又转身投入别的短视频内容里无法自拔。那么面对这些"见异思迁"的用户，我们怎么做才能提升粉丝的黏性呢？以下是几点可供参考的建议。

第一，打造令人印象深刻的人设

在抖音里有一个名叫"街拍徐哥哥"的账号，账号里有一个彪悍的"女主角"大美丽（男扮女装），这位大美丽膀大腰圆、口尖舌利，经常用蛮横的态度各种痛虐老公，偶尔还撒撒娇，为别的女人吃吃醋，然而他做得更多的是用自己的机智勇敢给老公编织了一个爱的避风港。

比如，当有顾客质问开西餐厅的老公"西餐厅为什么不会使用英文"时，他走上前来，一把推开自己男人，霸气回怼顾客："照你这么说，吃肠粉也要讲广东话，吃煎饼还得说山东话，吃饺子就得说东北话。"再如，当有人借钱不还，还死皮赖脸地要再借三万元，不借就赖在家里不走的时候，大美丽霸气出场，黑脸警告："当初你哥借你钱是让你翻身的，不是让你翻脸的。"随后还狠狠来了一脚，当即把那人踹出了家门。

看过这些短视频的人，都被大美丽的霸气可爱圈了粉，大家似乎早已忽略了演员男扮女装这个事实，不再调侃男演员的身材、相貌等，而是

就着大美丽的人物形象发表起了评论："娶妻当娶大美丽，走到哪里都霸气。""大美丽，老子好像爱上你了，你不要和徐哥哥过了，咱们搭伙可以么？"看着这些代入感很强的留言，我们就会发现其实大美丽的人物形象早就深入粉丝们的心里去了。

而打造这样令人印象深刻的人物形象，势必会加深粉丝对账号的印象，也有利于增加粉丝的黏性。

第二，及时回复粉丝

据心理专家研究，每个人都有渴望被关注、被重视的心理需求。所以作为一个短视频运营者，在账号成立初期一定要多多关注评论区的留言。碰到粉丝的问题，要及时回复，这样粉丝才有一种被尊重的感觉，而且在这种感觉的驱动下，他会积极地活跃在你的短视频内容里。后期如果账号做大，评论区的留言过多，回复不过来的话，你可以专门做一期视频，用来解答众人的疑惑。这种对粉丝热情重视的态度很容易起到感化的作用，慢慢地这些评论区留言的粉丝就会在无形之中成为你的死忠粉。

另外，如果你是一个才华横溢的运营者，你还可以用各种神评论回复你的粉丝。比如当你看到一个爆笑的评论时，你可以以同样幽默的方式回复他，比如"秀，是你吗？""秀儿，你来了，快搬个凳子坐下""同九年，汝何秀？"

这种幽默的方式可以加深用户对你的好感，也有利于把他培养成为你的忠实粉丝。

第三，持续为用户提供高价值的内容

在抖音账号里有一个名叫"喜宝爸爸"的账号，点开之后，你就会发现里面有各种各样实用的育儿干货。当宝宝专注力差，做事三心二意的时候，你可以在他这里找到训练孩子专注力的方法；当你不知道如何给宝宝选择拉拉裤的时候，他会给你提供挑选的技巧；当你不知道如何开发宝宝的智力时，他会给你科普很多早教小知识……

总而言之，这里的短视频内容十分丰富，涉及的育儿知识也相当全面，对宝妈育儿有很重要的指导意义，所以当大家在育儿生活中出现困扰的时候，就不自觉地进来看一看，学一学。久而久之，在高价值内容的引领下，用户的黏性和忠诚度就会有所提升了。

第四，加强用户的参与度

为了加强与用户的互动，也为了让大家对你的账号留下深刻的印象，作为一名短视频运营者，你可以要求粉丝加入你选题创作中来。比如，抖音账号"尚推荐（老尚）"里面有这样一个短视频标题："你还想看我吐槽什么，可以评论出来。"这样的引导有利于加强用户与账号之间的互动，也可以借此机会培养用户的参与意识，用户参与得越多，和短视频博主便越亲密。

也可以像情感账号"孙能能"一样在抖音的主页里写上"欢迎投稿，告诉我你的美好爱情故事"这样的话，这样也有利于增强粉丝的黏性。

第五，采用直播的方式加强与用户的互动

二更视频的首席运营官皮行早在采访时说过，为了增强粉丝的黏性，他们曾经尝试过抖音加直播的全新生态。为什么会有这样的尝试呢？官皮行解释道："二更相对来说制作的是比较精良的内容，网友更多的是作为一个观看者来观看二更的内容。但是我们通过做直播能拉近网友与二更之间的距离。"二更的做法对于短视频运营者有一定的借鉴作用。

第六，举行线下的粉丝活动

如何举行线下的粉丝活动呢？大家也可以参考二更短视频的做法。据官皮行介绍，他们为了更好地加深与用户之间的关系，曾经做了很多线下的尝试，比如组织粉丝沙龙以及粉丝见面会，甚至贴着垂直领域以及城市站策略做线下的体验活动等。

不过，大家需要注意的是，线下粉丝活动考验着短视频运营者的组织能力和经济实力，如果不具备一定的能力和条件，很难取得预期效果。所以对于一些刚刚建立的短视频账号来说，大家只需做好线上互动即可。

第七章

变现攻略：

0 基础，教你做个月入过万的

短视频账号

如何评估短视频账号的变现能力

短视频创作者前期千辛万苦地创作内容，想方设法地制作营销推广策略，其目的只有一个，那就是变现。可以说，变现是短视频创作者们努力的最大动力。

那么前期冥思苦想做选题，认真研究平台推荐机制；后期努力拍摄成品，绞尽脑汁进行一切涨粉之能事，最后苦心经营起来的短视频账号究竟变现能力如何呢？下面我们就针对这个问题做进一步的探讨。

一般来说，决定短视频变现能力的因素有如下几种。

第一，账号的创作能力

有原创能力的短视频博主能依靠有创意的选题和新鲜内容给予用户层出不穷的质感体验。而没有原创能力的短视频博主则依靠抄袭，或者伪原创勉强维持内容的输入。时间久了，孰好孰坏，用户一眼便知。

所以，只有持续产出原创能力的账号才能一路高歌猛进，在大量粉丝的追捧之下一举成为短视频的头部，从而依靠广告、直播等赚得盆满钵满。

第二，所专注的领域

短视频博主专注的领域不同，变现能力也不尽相同。比如，搞笑领域的账号虽然因为轻松解压的功效一直受到广大用户的追捧，但是由于受众群体过于分散，所以变现能力并不是很强。聪明的金主爸爸们不会因为看到其超高的流量和庞大的体量就轻易把钱砸向这个转化能力并不强的领域。

与搞笑领域的变现能力形成鲜明对比的则是化妆品领域。因为化妆品一直以来都是广大女性朋友们的刚需，再加上化妆品领域的粉丝都非常精准，她们大多是有化妆需求的用户，所以专注化妆领域的账号如果做大做强的话，就会有更广阔的变现前景。

第三，受影响的用户数量

曾经在网上看到这样一句调侃的话：杜子建玩了九年的微博，粉丝才130万；玩抖音，一个月粉丝就达到了1400万。抖音和微信的造星能力差距大得简直让人惊掉下巴。不过如果你就此认为抖音才是变现引流最高效的平台，那你就大错特错了。

抖音虽然能帮助你轻松获得数百万的粉丝，但是它的粉丝黏性其实非常差，其中有大批的僵尸粉，而这些僵尸粉并不会对你的变现有任何帮助，只有那些受你短视频内容影响的粉丝才有可能成为你产品变现的真正消费群体。换句话说，受你影响的粉丝越多，你的账号变现能力就越强。

第四，短视频运营者的能力

虽然说抖音的粉丝黏性不高，但是这并不意味着在该平台赚不到钱。俗话说，事在人为，如果短视频账号的运营者有以下几大变现的超级能力，那么这个账号便会变得"钱"景无限。

1.文案写作能力

一个文案写作能力强的人能够写出吸引人的短视频标题，能够写出戳中用户痛点的短视频内容，也能设计出令人眼前一亮的封面文案，从而为短视频带来好的播放量。

2.推广引流的能力

推广引流是实现平台变现的关键一环。只有运营者多维度推广，从在线视频渠道、资讯客户端、短视频渠道、社交平台等多个渠道引流，才能以最快的速度提升全网的播放量，从而大大提升变现的能力。

3.数据分析能力

一个好的运营者不仅懂得如何推广引流，还懂得通过数据分析调整运营的方向。

一般来说，数据分析包括短视频的点赞率、评论率、完播率，以及与同类视频做数据对比。此外，为了更高效地运营，大家还需要对平台的数据进行分析，比如平台的使用时长、平台的用户基数，以及这些用户的人群画像是什么样的。

只有把这些方方面面的数据都综合分析完成，才能更好地创作出符合用户口味的短视频内容，也才能更好地吸粉变现。

以上就是影响短视频变现能力的几个关键因素，从这几个维度考量，大概就能推断出一个短视频变现能力的强弱。

为了收益最大化，你需要选择合适的分成渠道

短视频平台变现的方式有很多种，有直播打赏，有知识付费，有接广告变现，也有带货变现。不过短视频创作者要想一步一步地通过内容创作实现这几种变现模式却并非易事。

在你的账号没有做大做强之前，要想获取一些经济利益，你只能通过短视频的平台分成实现。下面我们介绍几个有分成收益的短视频平台。

第一，西瓜视频

2016头条号创作者大会的召开，今日头条创始人、CEO张一鸣宣布，将拿出10亿元人民币补贴短视频创作者，助力短视频创作的爆发。这对于短视频创作者们而言，无疑是一个巨大的福音。

在西瓜视频发布短视频，大家只需过了新手期，发布10个作品即可申请流量分成。至于经济收益则主要是根据你的短视频播放量决定的。播放量越高，广告分成就越高。

另外，如果你的账号获得了原创标，加了黄V，你的短视频单价就会有所增长，基本一万的播放量有10元左右的收入。当然具体的收益还要根据你账号的权重综合决定。

第二，爱奇艺

众所周知，爱奇艺是一个观看影视剧和综艺节目的APP，但是也有很多人不知道它其实还有另外一重功能——流量变现。其实在爱奇艺赚钱也

非常简单，登录爱奇艺账号，选择一个你擅长的短视频领域，立即申请即可。爱奇艺获得收益的前提条件是平均每期视频的播放量不得低于3000，并且保障每天都有作品更新。满足条件之后，爱奇艺一万的完播率大概是10元左右。

为了获得更好的播放量，大家在做短视频之前一定要先研究自己领域的用户偏好，这样才能有的放矢，做出高点击率的作品。

第三，搜狐号

搜狐号也是一个拥有巨大流量的自媒体平台，在上面发布短视频也可以获得收益。搜狐号开通收益的条件为以下三个：入驻平台≥60天；近60天内，账号无违反平台相关规定的行为；申请广告分成要求：上个月阅读量≥2万。该平台收益的多少也是根据浏览量决定的。一般来说，搜狐号一万的播放量大概有50元的收入。

另外，值得注意的是，搜狐号流量来源不是平台推荐，而是用户搜索，因此大家在做短视频的时候一定要注意关键词优化。

以上就是常见的三种有流量分成的短视频平台，除此之外，腾讯视频、优酷视频、百度经验、搜狗号、一点资讯等也都有流量分成，在这里就不一一赘述了。

总的来说，这些平台的流量收益大多都是根据播放量决定的。不过每个平台的播放量并非都像今日头条那样是通过系统推荐获得的，有些是根据用户的搜索和小编的推荐获得，还有些与粉丝的数量有很大关系。大家在入局之前，一定要想清楚自己究竟适合哪个平台。

另外，在初期运营阶段，大家如果有足够的时间和精力，可以考虑多平台运作。只要有流量分成，就可以考虑入局。不过，在运营的过程中也要有所侧重，而投入运营成本最高的平台势必也是与自身需求和匹配度最高的那个。

　　至于短视频的分发顺序，建议大家在今日头条首发，因为头条的用户基数非常庞大，推荐算法也非常完善，首发的话可以获得更多的推荐量。另外，如果你的短视频标题和封面设计相当不错的话，播放量也非常可观。

　　当然，今日头条设立的用户反馈机制也可以帮助你更好地了解短视频的问题，这样根据用户反馈修改后的短视频发布在其他平台上，更有利于提升用户的观感，也有利于增加短视频的播放量。

MCN，一个助力于你快速变现的神奇机构

俗话说："滴水不成海，独木难成林。"在如今这个竞争激烈的短视频领域，很多短视频博主如果仅仅靠一人之力，很难与其他多人团队抗衡，也很难发展成短视频的头部网红。而反观那些拥有百万级粉丝的大号身后，几乎都有一个为之默默献策的 MCN 机构。

比如代古拉 k 的甩臀舞之所以能火遍全网，就少不了 MCN 机构的大力扶持。一个叫洋葱的 MCN 机构有专门的人为其提供精细化的运营，帮助她剪辑关于舞蹈的手机动态壁纸，以及与他人的 PK 视频，然后再通过各个社交平台扩散。这样她才有了爆火的可能。

再如拥有数千万粉丝的抖音账号"办公室小野"，也是一个叫大禹网络的 MCN 机构孵化出来的超级 IP。

下面我们了解一下 MCN 机构，探究一下其职能功效，看看它究竟是通过什么样的方式孵化出如此多的网生大 IP。

MCN 的全称为 Multi-Channel Network，可直译为"多频道网络"，MCN 是一种多频道网络的产品形态，它将垂直领域的一些 PGC 联合起来，然后利用自身的资源为他们提供内容生产管理、内容运营、粉丝管理、商业变现等服务。

MCN 机构最早出现在国外。2009 年，在国外的社交平台上出现了 Maker、Style Haul 等为代表的一些 MCN 机构，这些机构有组织，有规

模，帮助很多内容生产者实现了快速变形的目的。

而今短视频兴起，MCN机构也传入了国内。短视频看到其生产优质内容的效率，也看到了其高效变现的潜力，所以采取了支持和扶植的态度。MCN机构从2016年入驻微博到如今，数量上已经翻了很多倍，同时它们也帮助头部网红提升了很大的经济价值。所以，对于个体的短视频生产者而言，加入MCN机构其实是一个很不错的选择。

具体来说，加入MCN机构，短视频生产者可以获得如下权益。

第一，流量扶持

MCN机构和短视频平台互利共赢，通力合作，势必会获得短视频平台的流量倾斜，如果你加入MCN机构，那么必然也会背靠大树好乘凉，也可以借势获得大量的曝光。而流量是短视频博主爆火的关键所在，也是其涨粉变形的强大助推器。你加入MCN机构组织也就意味着涨粉变形的路又快进了一步。

第二，提升运营能力

众所周知，MCN机构拥有一个经验丰富的专业团队，这个团队可以帮助短视频博主进行内容制作、内容分发、全网营销、粉丝管理，以及对账号进行全方位的数据分析等。所以，短视频博主有了MCN机构的助力，可以很快从同类竞争者中脱颖而出。

第三，高效解决账号问题

如果短视频达人在运作的过程中，不小心因为违规而出现降权、限流、封号的情况，也不用着急，有MCN机构的人员可以直接和短视频平台的人联系，帮助你解决问题。这些操作可以帮助你大大提升处理问题的效率，可以避免你申诉无门、苦等官方回应的窘境。

第四，共享资源

前面我们也了解到，一个MCN机构聚合了众多内容生产者，这些内容生产者之间可以共享硬件设备资源、IP资源、广告主资源、电商平台资源，并且同账号体系之间可以相互引流，通过大号带小号，评论区互动等操作实现互利共赢。

第五，增加商业变现能力

加入MCN机构，可以获得很多高质量的客户。另外，借助MCN机构的影响力，短视频博主还可以提升自身品牌的议价能力。

总而言之，加入MCN机构具有更加明显的优势，它可以帮助短视频达人突破个人创作的局限性，从各个环节赋能网红，让内容生产更加专业化和专门化。同时MCN机构还可以助力短视频达人获得平台的红利，对接到更多变现的渠道，从而早早地实现财务的自由。

商业广告，短视频博主变现的主流模式

在上一节我们主要讲述的是短视频的流量分成，不过单单靠这种变现方式所获得的经济收益是远远不够的。在这一节，我们给大家介绍另外一种强力变现的模式——短视频广告。

这种变现模式主要针对的是那些粉丝量已经积累到一定程度，知名度已经打开的头部账号。这个时候，很多广告主就看中他们的强大影响力，于是想通过在他们的短视频里发布广告促进产品销量。

一般来说，短视频博主接到商业广告通常会通过以下三种方式进行宣传。

第一，硬广

所谓的硬广就是直接介绍商品和服务内容。这种广告形式比较传统，通常我们在报纸、杂志、电视、广播里看到的那种宣传方式就是硬广的典型代表。在短视频里做硬广，一般是在片头插入一小段产品信息，或者结尾处用字幕鸣谢，抑或在短视频中间用口播的形式进行产品宣传。

在今日头条里，优质美食领域的账号"小高姐的魔法料理"就是在片头插播广告的，而同样是美食领域的作者小彪则是通过口播的方式给大家宣传品牌调料十三香。

第二，软广

相比硬广，软广更具隐蔽性。它是通过巧妙迂回的方式告诉消费者这个产品具有什么样的优势。一般来说，软广比硬广更容易让人接受，它是以一种润物细无声的形式慢慢地把产品信息传递给用户的。

比如，抖音账号"战狼姐妹花"里有这样一个软广，它里面涉及的产品主要是通过一些喜剧情节展现出来的：刚开始两个贵妇在攀比，比谁更胜一筹。在互相炫耀的过程中，其中一个贵妇拿出了一个烧水杯，另外一个贵妇故意使坏，趁对方不注意，一把推倒杯子，结果杯子里的水丝毫没有洒出来。接着水烧开后，贵妇径直拿出杯子喝起来，另外一个贵妇就提醒她："喝这么快，就不怕烫成猪头吗。"贵妇听后淡定一笑，然后傲娇地说道："还是我家先生贴心呢！送我的杯子可以调温烧水，还能保温呢！"

短短一分半钟的时间就通过一些喜剧情节把水杯的三个卖点（密封性、便捷性、保温性）一一展示出来了。

第三，其他

当然，短视频博主除了上面提到的两种宣传形式之外，还可以进行线下的广告宣传。比如火爆全网的"大石桥联盟"因为庞大的粉丝量和影响力就受到商业的开店邀约。2020年上半年，明星陈赫的贤合庄开业，大石桥联盟受邀翻唱了一首娓娓动听的《桥边姑娘》。因为有明星效应和大石桥联盟的强大感召力，开业当天店里人山人海，好不热闹。

以上就是短视频博主承接商业广告的几种主要形式。一般来说，承接这种商业广告收益比较大。如果你的粉丝量在50万以内，每个粉丝大概值2分钱，如果你有四五十万的粉丝，那么接一条广告就是8千到1万的收入。如果你的粉丝数达到100万以上，那么每个粉丝大概就值2.5~3分钱。如果你是一个200万账号的短视频博主，那么接一条广告最少也能拿到5万元的收入。

不过，上面说的那个广告报价也并不适合每一个短视频账号。前面我们也说过，短视频的变现能力与其所从事的领域和受影响的粉丝量有很大关系，所以短视频的广告收益要根据账号的具体情况而定。

根据《IT时报》报道，2018年3月，拥有1300万粉丝的"一禅小和尚"广告报价是25万元，"拜托啦学妹"是15万元；快手KOL资源报价，"上官带刀"的一条广告报价55万元。

这样的广告收益对于每一个短视频博主而言，无疑是非常诱人的。大家要想让自己的账号早点完成粉丝的大量累积，早点实现变现的目的，不妨加入MCN机构，和MCN机构签约之后，你就能获得他们一系列的帮助，比如短视频的包装、营销、变现等。另外，还能背靠大树，获得平台流量的扶持。

当然，MCN机构也是有门槛的，只有你足够优秀，有持续的原创能力，才有可能获得签约的机会。所以，作为一个短视频博主，如果你有志从短视频中捞金，那就卯足劲儿好好努力吧，总有一天你的努力会帮你实现个人的财富自由。

短视频另类变现模式：打赏

如果你经常上网，那么一定不会对"打赏"这个词感到陌生。现在很多短视频平台为了构建良好的生态链，都开通了打赏功能，以此拓宽短视频创作者的变现渠道。

2016年6月，美拍短视频APP在成立两周年之际，推出了5.0版本。在这个版本中最醒目的一个功能便是"短视频道具"，这个"短视频道具"就是用户购买过来用于打赏短视频博主的。至此短视频博主也可以像那些专业直播平台上的主播一样，通过打赏获取收入。

不过对于普通短视频博主而言，通过美拍打赏获取的收入少得可怜，就连占据头部流量的"Papi酱""陈翔六点半""办公室小野"等大号也比较惨淡。

后来，2017年，音乐短视频平台奶糖推出名为"金奶糖"的打赏功能，同年8月22日，火山小视频在四川省合江县三块石村举办发布会，宣布推出"火苗计划"，这个计划里就包括开通视频打赏功能。至于开通的目的则非常明确，正如火山小视频产品负责人孙致所说的那样："一是从收入上，让腰部以上的创作者，依靠自己的才艺，获得体面的、有尊严的收入；二是从技能上，帮助、鼓励创作者更好地表达。"

除了火山小视频，西瓜视频也推出了赞赏作者的功能。参与条件也很简单，一般来说，只要你发布3个以上真人出境的原创视频，系统就会自动给你开通原创功能。如果你的原创视频不是真人出镜，那么也没有关系，你只需在后台上传自己视频工程截图的证明资料去申请就行。等你原创标申请下来发布视频的时候，你就会看到一个开通赞赏的选项，你只需把这个选项打个钩，就可以增加一个新的收益途径。另外，西瓜视频为了鼓励作者有更大的创作动力，这个赞赏功能平台不抽成一分钱。

当然，除了平台直接开通的打赏功能之外，短视频创作者们还可以通过直播获取打赏。当你粉丝累积到一定的数量之后，就可以在短视频平台开通直播。在直播里你可以卖货，也可以收取粉丝的打赏。

比如打开抖音直播页面，可以看到名字为"棒棒糖""仙女棒""为你打call""Thuglife""Boom"等的礼物。粉丝可以用钱把这些礼物买下来送给自己喜欢的短视频博主，而短视频博主收到礼物后可以用这些礼物兑换成现金。

另外，在快手上，你也可以利用自己直播间的人气吸引电商打赏，获得电商的打赏之后，你可以接通电商的视频，帮助他们一起卖货。这些都是有效的变现模式。

不过需要警惕的是，在直播的过程中不要为了获得打赏，不惜做一些不雅的动作，或者性挑逗、性暗示的行为，这些不良行为是平台坚决抵制的。一个短视频博主要想长期存活下去，依靠这些博眼球的内容是不行的，只有有料、有趣、有自己独特优势的内容才是实现变现的长久之道。

内容付费：用痛点撬开用户的钱袋子

随着西瓜、快手、抖音等短视频平台的不断发展，越来越多的创作者涌入了这个行业。不过在这个如火如荼的短视频市场环境下，如何快速实现短视频粉丝经济的最大化，这是很多短视频博主特别重视的一个问题。

目前短视频变现的渠道除了上面提到的流量分成、广告宣传、直播打赏之外，还有另外一种变现的渠道，那就是内容付费。

众所周知，如今是一个信息大爆炸的时代，各种新知识层出不穷地充斥着人们的眼球，但人们很难从碎片化的时间里高效甄别和获取知识。这个时候为了满足人们的这一需求，知识付费便应运而生了。

一般来说，短视频的知识付费适合垂直领域的创作者。为什么这么说呢？因为垂直领域聚集了一大批精准的用户，这批用户的人群标签非常相似，心理需求也大概相同。

比如，抖音账号"年糕妈妈"是很知名的母婴大号，她的粉丝多半是一群25~35岁受教育程度较高的年轻妈妈，她们非常重视孩子的教育和抚养，所以当年糕妈妈推出专业的早教课程时，平时那些有早教需求的粉丝们就会有很大的购买概率。

不过，大家需要注意的是，做知识付费的栏目不同于平时免费的短视频，它确实需要撬开客户的钱袋子。那么一边是辛辛苦苦赚的血汗钱，一边是有价值的课程内容，客户愿意做等价交换吗？

这就需要短视频博主想方设法用痛点激发用户的购买欲，以此加快变现的进程。不过在此之前我们需要精确地找到用户的痛点。下面我们以写作培训为例，教你怎么样才能准确寻找到潜在用户的痛点。

首先，拿出一张纸，把用户的写作全过程一一列举出来。一般来说，写作的第一点就是做选题，然后罗列大纲，并根据大纲搜集写作素材，素材收集完毕，紧接着就是给文章写标题，写正文，最后就是审稿修改。

罗列出写作的全过程之后，我们就可以找出每个步骤当中影响用户行为的关键因素，那个阻碍用户顺利完成目标的因素便是其痛点所在。

比如，罗列大纲这个环节，用户首先想的就是我应该怎样围绕选题搭建一个好的大纲，在搭建大纲的时候，我选择什么结构的大纲才能更好地凸显主题。

再如，搜集素材的环节，用户可能面临的困难就是没有可供使用的素材，或者找到的写作素材非常苍白，无法很好地凸显主题，他想要获取与主题大纲相关的素材，应该从哪些渠道入手呢？

到了写标题的环节，用户就会有新的困扰，为什么写出来的标题老是没法带来高的点击量呢？写标题有哪些技巧呢？

上面提到的这些问题和困扰都是用户的痛点所在。掌握了用户的这些痛点之后，我们就可以通过痛点激发他们的购买欲望了。

比如，针对标题问题，你可以这样写一个专栏内容：如何在10分钟写出点击率5倍飙升的推文标题？

用户的痛点是在有限的时间内写不出点击率高的标题，而上面的这个专栏内容就能高效地解决用户的这一困扰，所以，当他看到"在10分钟写出，点击率5倍飙升的推文标题"这几个字的时候，一下子购买的欲望就增强了。

再比如说，很多人写出来的文章没有吸引力，用户的读完率非常低，这也是他们心头的一大痛点。那么这个时候你的专栏内容就可以这样设置："掌握了这几个技巧，你的文章读完率提升10倍。""你的文章没有吸引力？只因你没学会这三个写作技巧。"

这些专栏标题深深地戳中了用户的痛点，同时也给他们带来了解决问题的有效办法，所以在痛点的刺激下，他们很容易做出购买的举动。

做付费短视频要想获得高额的收益，仅仅用痛点激发用户的购买欲还远远不够。如果用户的购买欲被激发起来了，下单购买后却意外发现你的内容没有实用干货，或者内容里所说的解决方案缺乏实际指导意义，那么对他而言，无疑会有很大的心理落差。在心理落差的驱使下，他很有可能在评论区做出差评，以此影响你专栏的再次销售。

所以，对于短视频博主而言，做付费内容，首先要保证你所更新的内容有实用价值，可以帮助用户切切实实地解决他所面临的难题和困扰。这样他才更愿意向周边人推荐你的课程，从而为你的销量做出一份贡献。其次短视频博主还要保证自己的付费内容具有唯一性。

所谓的唯一性就是说这个内容非常稀缺，在别的地方找不到，这样用户才会觉得买得很值。反之，假使你提供的内容在网络上一搜一大堆，用户一定会有一种花冤枉钱的感觉。

另外，为了更好地让用户对短视频账号产生信任感，从而在内容付费的时候痛快下单，你可以在平时多更新一些干货类的短视频，让他们觉得你确实可以输出实用的内容。另外，你还可以输出一些粉丝认可的观点，这样他们才会对你渐渐产生依赖和信任感。

短视频带货的几大攻略

2019年，"抖个好物"里发布了一个关于泡泡面膜的短视频，里面剧情夸张，但是很有笑点，最后这个短视频蹿红，连带着面膜也售出了100多万件，其中收入金额自然是肉眼可见的惊人。这是2019年抖音带货月入千万最成功的一个案例。

作为一个短视频博主，你是不是也想着依靠短视频带货赚得盆满钵满呢？那么下面学习一下短视频带货的几个攻略吧，它们可以帮助你轻松提高成交的概率。

第一，利用超高人气凸显产品的火爆

在日常的消费过程中，如果你是一个心思细腻的人，那么一定会发现，人头攒动的饭店里，食物的味道一定不会太差；门庭若市的理发店里，理发师的技术一定不会令人失望；挨肩叠背的内衣店，一定在出售性价比很高的内衣。

同样的道理，作为一名短视频博主，如果你在短视频内容里给人营造一种产品或者服务大卖的火爆氛围，那么用户很容易对你的产品或者服务产生一种信赖感，他们会觉得大家都争相疯抢的东西一定很划算，于是也会毫不犹豫地下单。

比如，抖音有一个叫"爱喝汤（汉江路店）"的账号，它在短视频里更新过这样一个内容：深夜11点，本来已经到了休息的时间，但是他店里的客人还在一波一波赶过来。用户看到他店里的生意如此火爆，就连11点都有络绎不绝的客人，就会推断这家店的饭是不是真的很好吃，很划算呢？如果同城的网友刷到这样一条短视频，也会忍不住想去店里一探究竟。

第二，制造剧情类的短视频带货

短视频带货，如果仅仅是进行"王婆卖瓜，自卖自夸"式带货，相信用户未必会埋单。但是如果你能设计一些有意思的剧情，然后在剧情中间不经意地展示一下你要推广的产品，用户看到这个产品还不错，就会自己主动购买。比如，抖音账号"成都潮人榜"里有这样一个短视频内容：在地铁口，排着一个五六个人的小队，这时一个小姑娘径直从别处跑来，一下子奔到了排着队的男友身旁，这时男友抬头看了看后面的人，然后拉着女朋友的手重新回到了队尾。

这个短视频用一个文明排队的主题获得了六十几万的点赞量，不过如果你认为他们拍这种短视频仅仅是为了宣扬正能量，那你就大错特错了，其实视频里两个主角身上穿的情侣装才是他们拍视频想要宣传的重点。这一点从博主留言区的一条评论"同款衣服商品橱窗里有"就可以看出来。

当然，除了这种"润物细无声"式的宣传外，短视频博主还可以像抖音账号"灰姑娘的裁缝铺"那样，设计剧情，让用户产生情感的共鸣，这样更有利于用户加快购买的步伐。

比如，"灰姑娘的裁缝铺"有这样一个短视频内容：一天，裁缝铺里来了一个女孩，哭诉着对做衣服的小姐姐说，男朋友嫌自己穿得太老气，想要小姐姐帮忙设计一款时尚点的裙子。不过女孩的嘴上虽然说着要裙子，但是眼睛却一直瞟着旁边的一件黑色旗袍。不过因为男朋友说旗袍穿上又老又土，所以她也放弃了穿旗袍的打算。

过了几天，裙子做好了，女孩却哭诉着说和男朋友已经分手了，然后询问自己能否把衣服退了。这时，做衣服的小姐姐安慰着：你本来也不喜欢这件裙子，那不妨试试旁边那件中意的旗袍。可是女孩却不自信地说自己的皮肤又黑又粗糙。结果小姐姐拿出了一瓶某个品牌的沐浴液，并且告诉它这款沐浴液有很珍贵的植物油脂，可以提亮肤色，改善肤质。

介绍完产品之后，这位小姐姐又说了一段令人很有共鸣感的话："真正喜欢玫瑰的人，不会因为它有刺就讨厌它；真正爱你的人，也不会在乎你听不听话，总会有人爱你所有的样子，但你得先学会爱自己。"

这段有共鸣感的话获得了很多女性朋友的认同，所以大家在这种"爱自己"的观念的驱使下，不自觉地就在抖音橱窗里下了单。

第三，直接展示产品的功能用途

短视频带货还有一种简单直接的玩法，那就是真人不出镜，也不需要任何情节剧情的点缀，只是单纯地演示产品的性能、功效，以此激发大家的购买欲望。

不过这样的带货方式适用于那些比较新奇的有实用价值的产品。比如抖音账号"种草好物推荐"里就有这样一个关于切菜神器的推荐短视频。看完整个视频，你会发现这个切菜神器非常实用。握着护手器，你不必担心切菜切丝会伤到手，而且里面的刀片可以满足不同的需求。神器里面是一个可以沥水的篮子，切完菜之后便于清洗。整个产品使用过程给人一种满满的便利感和安全感，试问这样的东西怎么能不叫人喜欢呢？

以上便是短视频带货的几个常见技能。除此之外，大家还应该注意，拍摄带货短视频时，背景音乐要选择得当，好的背景音乐能调动用户的情绪，可以加快其购买的节奏。当然，如果有条件的话，尽量选择在户外拍摄，因为户外拍摄有利于账号权重的增加，也有利于短视频推荐量的提升，而短视频推荐量和播放量上去了，你的产品曝光的概率也会大大增加。

第八章

企业品牌营销：

搭上短视频的营销快车，提升品牌的
曝光率和转化率

企业入驻抖音短视频的 N 个理由

据2020年1月数据显示，抖音日活量已突破4亿，日视频播放量达到二三百亿，而且带货的热度居高不下，很多企业意识到了抖音的价值，于是在流量红利的刺激下，纷纷入驻抖音。那么对于企业而言，入驻抖音可以获得哪些便利呢？

第一，抖音的经营成本低于线下

与抖音相比，企业线下的运营成本非常高。尤其是今年受新冠肺炎的影响，很多企业不能开张，缺乏必要的经济收入，而企业的租金、利息、员工薪资等成本支出却依旧需要正常支出。面对这些不可抗力，企业很难有足够的经济能力维持线下的高成本运营。而抖音则不同，为了扶持更多的企业入驻，它还给予蓝V的企业账号更多的权益。

第二，利用抖音的高流量给线下引流

以前很多医美、健身、理发、汽修领域的企业大多都是通过销售来获得客源，入驻抖音之后，很多抖音粉丝在短视频的吸引下慕名而来，这给企业和店面增加了不少经济收益，而且更重要的是，以这样的方式获得客源，成本大大降低，且用户的信任度也非常好，转化率直线上升。

第三，品牌推广

在抖音短视频里，如果你的内容创作得比较有新意，能够引起用户的广泛共鸣，那么很容易会成为一个爆款，从而实现病毒式传播。而在传播的过程中，自然而然，你企业的知名度和品牌形象也获得了很大的提升。

第四，可以获得平台赋能

企业入驻抖音，若是能获得蓝 V 认证，那么可以获得抖音平台的十大权益：

1.优先展示权

用户在搜索栏里输入某个关键词，企业的蓝 V 账号会优先出现在用户的眼前。所以大家在设置账号昵称的时候要先考虑一下用户的搜索习惯。另外，认证的昵称具有唯一性，不受冒牌困扰。

2.营销内容不受打压

蓝 V 认证之后，抖音就相当于给了你一把保护伞，账号里发布的任何带广告性质的视频都不会受到平台打压，而且抖音还会给你一定的流量，让更多的用户看到你的广告短视频。另外，如果你哪一天发现自己因为广告而被限流了，还可以通过抖音企业认证恢复流量。

3.外链跳转

企业蓝 V 号可以直接在主页链接自己的官网，从而把有效客户引流到企业官网。

4.头条、火山小视频、抖音同步

企业可以在这三个平台同时注册，而且各个平台的粉丝和流量是可以互通的。

5.超长的短视频权限

普通抖音用户刚开始只有15秒的短视频发布权限，要想申请发布60秒的短视频，还需要粉丝积攒到一万才行。但是企业蓝 V 号就不受这些框架的限制，一开始就拥有60秒的超长发布权限，而且还可以置顶3条短视频。

6.在主页留下联系方式

企业可以在醒目的主页位置留下自己的联系方式。

7.Dou+功能

Dou+功能可以帮助企业高效加热短视频，以此提升短视频的播放量和互动量。当然，企业获得足够的曝光量，产品转换率自然会有所增加。

8.垂直行业POI认领

蓝V认证后，企业可以认领一个POI地址，POI地址认领成功后你可以将企业的联系电话、地址、营业时间、店铺头像等上传。另外，在POI地址页面，企业还可以呼出电话。

9.私信自定义回复

这一点和微信公众号非常相似。企业通过关键词自动回复和私信自动回复高效与用户沟通，再也不怕会丢失客户。

10.高效获取数据

蓝V账号可以获取主页访问数据、短视频的互动数据、竞争对手的产品数据，以及粉丝的数据。通过这些数据可以锁定目标用户，进一步优化内容方向，对于提升转化率很有帮助。

总而言之，抖音是一个对企业来说非常友好的平台。如果你有品牌宣传和产品转化的需求，不妨入驻抖音，给自己一个营销变现的新机遇。

另外，抖音并不是对每个领域的企业都宽松，比如博彩、枪支弹药、管制刀具、医疗加盟、信托等行业的公司是不予认证的，哪怕有营业执照都不可以，所以大家在注册的时候要注意这一点。

创意才是王道，企业要学会在创新中上位

你知道吗？篮球运动在刚刚诞生之时，篮板上装的是一个货真价实的篮子。人们每次把球投进篮筐，就需要有个专门的人踩着梯子把球拿出来。因为比赛过程中，需要不断地取球，所以大家玩得很不过瘾。后来，有一个发明家把篮子换成了一个可以把球弹出来的机器，不过即便这样仍然无法让篮球比赛变得紧张激烈起来。

终于有一天，一位小男孩来到球场观看比赛，他看到人们不断地费力取球，于是不解地问道："为什么不把篮子的底部去掉呢？"小男孩的话一下子点醒了旁边的大人，大家这才想到原来篮筐还可以是没有底的。

在上面的这个故事中，小男孩无疑是具有创新思维的人，他没有被传统的条条框框束缚住，所以才有了我们今天看到的篮网样式。

其实，企业做短视频也是一样的道理。在产品同质化严重的今天，我们如果没有创新精神，就很容易在思维定势中故步自封，得不到迅速的发展。我们只有打破框架束缚，将创意融入短视频内容，才能使产品营销工作变得不那么生硬，也才能让用户看到你的诚意，从而更加坚定消费的决心。

那么具体来说，企业做短视频有哪些创新的套路呢？

第一，把产品元素和热点元素结合起来

比如，美团外卖的官方账号在国家号召摆地摊的时候，蹭了一波地摊经济的热点。他们制作了一个短视频，短视频里一位美团外卖的小哥在路边摆了一个地摊，地摊上放着一些写着食物名称的牌子，比如"炸鸡""汉堡""小龙虾""奶茶""烤串"，然后和蔼可亲的外卖小哥笑嘻嘻地说着公司的口号："美团外卖，送啥都快！""美团外卖，越吃越帅！"

这个短视频虽然没什么故事情节可言，但是它却以一种接地气的方式向人们传递了三个信息：美团外卖服务范围有哪些；美团外卖人员的生活其实充满了不易，即便很晚了还要摆摊；美团外卖服务用户非常专业。这样的表现方式远比硬广宣传更能深入人心。

第二，构造一个颠覆认知的故事情节

有这样一个很有创意的泰国广告，广告的内容是这样的：伴随着一阵轻快的音乐，一位长相清秀的、身材修长火辣的美女出现在镜头里面，这位美女面带微笑，对着镜头做着各种妩媚的动作。紧接着，这位漂亮女孩开始卸妆，卸掉假睫毛、摘掉隐形眼镜、擦掉化妆品、脱掉外套和胸罩的那一刻，那个性感美女竟然神奇地变成了一位身材健硕、长相清秀的小伙子。画面到了这儿，人们才惊讶地发现这竟然是一个宣传胸罩的广告。这个广告十分形象生动地向人们阐释了胸罩的聚拢效果。

这种颠覆人们认知的故事情节不仅能给人眼前一亮的感觉，而且还能让人们把产品的卖点和优势深深地刻在脑海里，非常值得做企业短视频的运营者学习借鉴。

第三，在表达形式上创新

众所周知，杜蕾斯历来的品牌营销文案都是创意典范。翻开它的抖音官方账号，你可以看到各种有创意的短视频内容，其中它的创意不仅体现在内容上，更体现在表现形式上。

比如，在情人节那天，杜蕾斯抖音账号推出这样一则短视频内容：开头出现这样一行字：本条视频仅单身可见。紧接着就是一阵黑屏，就当人们以为是手机卡壳的时候，它最后出现的一行字让你恍然大悟。原来后面写着："有对象的都去过节了，谁还刷抖音。"这则短视频以一种恶作剧的表现形式跟用户开了个玩笑。不过大家并不会因此而生气，反而会觉得它因几分调皮而更加有魅力。

再如，它在"6·18"活动时拍了一个很有意思的宣传短视频，在该视频里它把三个分别写着"杜蕾斯天猫官方旗舰店6·18大促""杜蕾斯天猫官方旗舰店限时秒券""杜蕾斯天猫官方旗舰店满199减100"的蓝色牌子放在了新娘的头上。三个穿着喜服的新郎在掀开盖头，看到这些优惠活动的一瞬间，脸上的表情非常欣喜。

短视频用这种夸张的表现形式告诉用户"6·18"活动的优惠力度非常之大。同时短视频中融入的红色的喜庆元素给用户带来很大的视觉冲击力，所以能够给用户留下深刻的印象。

另外，大家在打造有创意的短视频时一定保证让你的创意情节合乎情理，那些有新意但是缺乏可信度的短视频不会博得用户好感。当然了，天马行空的创意也不能太过随意，一定要建立在能让用户理解的基础之上。若是你的创意短视频让目标用户看得云遮雾罩，不明所以，那也不能算是成功的短视频。所以，大家在创作的时候一定要注意这些问题，避免踩坑。

最后，要提醒大家的是，作为一个短视频创作者，制造出有创意的短视频并非一件易事。为了后面能持续给用户打造有创意的内容，大家有必要建立一个创意素材库，将各个平台的爆款文章和短视频全部收集在一起加以研究，然后总结分析它们的燃点爆点在哪里，把最亮眼的部分整理在一起，这样当以后创作的时候，就可以从这里找灵感。当你把以往的套路和现在的热点二次加工时，或许你也有能力持续产出有创意的爆款内容。

建立品牌人设，打造自己的 KOL 资源

曾经在短视频营销中听过这样一句话，"企业自夸100句，不如KOL夸一句"。那么"KOL"究竟是什么样的角色？它为何能在企业营销中起到这么重要的作用呢？

所谓的"KOL"其实是Key Opinion Leader的缩写，它指代关键的意见领袖。在营销学上，关键的意见领袖被定义为拥有更多、更准确的产品信息，且为相关群体所接受或信任，并对该群体的购买行为有较大影响力的人。

在移动社交媒体如此发达的今天，KOL已经不再是社会的名人，更不是专业圈层的人士，而是变成了短视频达人和时尚博主。

这些人均是短视频领域的头部创作者，而且有不俗的带货战绩。比如"口红一哥李佳琦"，曾经在2018年的"双十一"和马云PK直播卖口红，5分钟卖出15000支，秒杀马云。当然，还有曾经在2018"双十一"活动中2小时内引导销售额达到2.67亿元，创造了行业销售神话的薇娅。这些人的影响力和号召力非常强大，是当之无愧的KOL。

如今很多企业营销都在寻找KOL为自己的品牌代言，以此提高品牌的曝光度和产品的转化率。其实每个企业都有自己独有的品牌形象，与其费尽心力地寻求别的KOL，不如建立自己的品牌人设，打造属于自己的KOL资源。

所谓的品牌人设就犹如明星人设一般，有着自己鲜明的人物形象特征，比如蔡康永，情商，Papi酱，犀利，江一燕，文艺女青年（后来人设崩塌了）。只有有了鲜明的人物形象特征，才能在纷繁复杂的娱乐圈有一定的辨识度，才能容易被观众记住。

同样的道理，企业品牌也应该有自己鲜明的品牌性格特质，也就是所谓的品牌人设，只有有了自己的品牌人设，才不会被众多品牌湮没，从而无人关注。

那么作为一个企业，如何利用短视频建立品牌人设呢？

第一，在账号简介中用有趣、有记忆点的表述来吸引用户关注

比如，美团外卖的账号简介为"美团外卖，送啥都快！"这个简介非常简短，且带着点押韵，既凸显了品牌的优势，同时又利于加深人们的记忆。再如，饿了么的账号简介为"只要叫我的名字，我就会来保护你。小仙女身边的蓝骑士。"这个账号简介走的是温情路线，给用户一种亲切温暖的感觉。

第二，日常发布视频的封面应统一风格

这样可以加深用户对品牌的了解和记忆。比如，抖音账号"三只松鼠"的封面统一都放三只松鼠的漫画形象。整体风格统一、主题鲜明，能够很好地加深人们的印象。

第三，迎合目标用户的性格特征和价值观

因为打造企业品牌人设的最终目标还是为了提高产品的销量，从而实现经济利益，所以企业运营者在打造短视频的时候，首先考虑清楚你的目标用户是哪类人群，这类人群的性格特点是什么样的，价值取向又是什么样的，然后在确立品牌人设的时候，选择一个与用户性格特点和价值观契合度高的。

第四，设立一个标志性的口头禅

我们在刷短视频的时候，可以看到很多短视频大号都有自己固定的口头禅，比如"设计师阿爽"，她的短视频内容里总有一句口头禅叫："我是阿爽，爱设计超过爱男人。"再如"初九"的短视频的开头也有一句很固定的口头禅："我是金牌秘书初九。"并且视频的结尾处还有一个"金牌秘书"的认证。大家在做企业账号的时候可以学习借鉴，然后设置一个标志性的口头禅，这样有利于加深用户记忆。当然了，你还可以在回复网友的评论时多次使用标志性的口头禅，这对于加深粉丝印象很有帮助。

第五，和竞争对手有所区别

在同类产品中，为了和竞争对手有所区别，你需要建立一个风格迥异的品牌人设，这样才能确保品牌形象有很高的辨识度。

另外，你还可以像格力公司一样，选择企业领导人为企业形象代言，将品牌人设具象化，用企业领导人的人格魅力链接消费者，从而促使用户认可企业品牌，从而为企业的产品埋单。

构筑走心的品牌故事短片

还记得海尔"砸冰箱事件"吗？据传，海尔集团的前任总裁张瑞敏的一个朋友曾经在他的厂里买了一台海尔冰箱，结果买回去发现有很多毛病。张瑞敏知道情况后，把400多台冰箱检查了一遍，发现共有76台存在问题。

当时，张瑞敏看着这些有缺陷的产品，二话不说，亲自抡起大锤子砸下了第一锤！众人看着他的举动都惊呆了，要知道这些冰箱在1985年的时候卖到800多元，相当于一名职工两年的收入。

尽管很多人对他的这一行为比较费解，有的员工甚至在砸冰箱的时候都哭了，但张瑞敏仍斩钉截铁地说："我要是允许把这76台冰箱卖了，就等于允许你们明天再生产760台这样的冰箱欺瞒消费者。"

这是一个关于诚信的企业故事，当时这个走心的品牌故事为海尔赢得了超高的知名度和美誉度，从而"海尔"产品便成了信守承诺的代名词。后来它凭借着过硬的产品质量和良好的口碑一路过关斩将，成为家电行业的龙头老大。

这个故事对于做企业短视频的运营者有一定的启发作用。它告诉我们，有的时候费尽心力做一系列花里胡哨的广告短视频，还不如讲一个走心的品牌故事更有效呢！

纵观短视频平台里的那些爆款内容，你会发现其实有很多都是与故事有关的。企业的短视频运营者若是能抓住用户爱看故事的心理，打造走心的品牌故事，说不定也能创造出病毒式传播的爆款内容来。

以下是几个关于创作短视频故事的思路，相信对你塑造品牌故事有一定的帮助。

第一，明确故事的主题

通常，我们在写一篇作文的时候，都会先明确写作的主旨是什么，只有确定了文章的中心思想，我们在写的时候才不会盲目。

同样的道理，创作短视频故事也需要先确定故事主旨是什么，否则整个短视频就没有了"魂"。

比如，抖音账号"滴滴出行"在武汉疫情严重的时候，更新了一系列主题为"守护武汉"的短视频故事，其中在一个短视频里，有一位叫姜峰的武汉滴滴保障车队的司机为了帮助抗战在一线的医护人员能便利出行，每天五点起床，争分夺秒地护送。

还有一个叫连振福的"傻子"本该与家人团聚，但为了能为武汉做一点贡献，在返乡的前一天自愿留在了武汉。

疫情期间，像姜峰、连振福一样的司机还有很多，大家组织了一个医护保障车队，免费为5个城市的1.7万名医护工作者提供了便利的护送服务。

这些暖心的短视频故事感动了一众网友，大家纷纷为抗疫英雄点赞。而滴滴出行也凭借着一系列的暖心故事收获了一大波好感度。

第二，推出一个系列故事

众所周知，短视频的时长非常短，在有限的时间里无法容纳足够多的信息量，这个时候，大家不妨用"系列"类的故事形式为用户讲多个故事。

抖音账号"贝壳找房"里就有这样一系列以"公平不缺席""我命由我不由天""诚实的代价"等为主题的房产经纪人的故事，看完之后观众纷纷表示，原来房产经纪人也有诸多委屈和不易。

另外，通过这些短视频故事，也帮助房产经纪人与用户搭建起了信任的桥梁，加深了用户对贝壳找房品牌的认可度，可谓一举多得。

第三，注意短视频故事的逻辑性

一个故事情节不严谨、逻辑混乱的短视频无法取得用户的信任，同时也会有损企业的品牌形象。因此，大家在创作的时候一定要把握好叙事的逻辑，先拍什么，后拍什么，中间穿插什么样的内容，才能使得情节过渡自然。只有把整体剧情捋顺了，用户才不会看得云里雾里。

第四，借助节日热点构思故事

如果你经常为短视频故事创作而发愁，那么不妨想想最近有没有热点事件，或者热点节日。借助一些传统节日，你也可以构思出一系列有创意，有温度的短视频内容。

比如，抖音账号"梅赛德斯——奔驰"的官方账号在母亲节的时候发布了这样一个短视频内容：一个小孩跟妈妈接通了视频，然后奶声奶气地问妈妈你在干什么，刚刚从手术室里出来的妈妈笑着回应道："妈妈刚刚休息。"女儿则甜甜地说了一句："妈妈，我好想你。"一句话逗得妈妈笑逐颜开。

这个短视频的故事情节非常简单，但是却道出了很多家庭的现状。在母亲节这一天，很多妈妈依旧坚守在工作岗位上，无法陪伴自己的孩子，但是这并不是一件让人懊恼的事情，一个活出自我的母亲角色是孩子的学习榜样，正如视频里所说的："让女儿因我的出席而微笑，为我的缺席而骄傲！"在母亲节这个特殊的日子里，所有的女人都应该既是母亲，更是自己。

最后，值得大家注意的是，在这个短视频井喷式发展的时代，讲述一个有创意的短视频故事是一件很有利于为品牌形象加分的事情，不过在创作的过程中一定要与品牌的调性保持一致，因为不一样的品牌调性应该有不一样的品牌故事。

企业利用短视频营销的另类玩法：硬广

在短视频风口来临之际，很多大牌企业纷纷入驻短视频平台，企图依靠短视频营销来提升自身品牌的曝光率和转化率。当然，还有一部分企业由于各种主客观的原因，并没有在短视频平台建立自己的品牌账号，不过这并不意味着他们会放弃短视频营销的念头。

一般来说，企业通过短视频营销有如下两种表现形式。

第一，投放开屏广告

打开抖音之后，我们会发现有很多企业投放的开屏广告，这个开屏广告展示几秒钟的时间，播放完之后自动关闭。其实这也是企业借助短视频营销的其中一种方式。

在投放这种广告的时候，大家要根据目标用户的作息时间精准投放，另外还要根据用户的需求设计广告的封面文案，这样不仅有利于提升用户的观感，还有利于促进产品的转化率。

除此之外，大家需要使用一种预缓存机制，事先将动态广告缓存保存在本地，这样可以有效避免用户打开短视频软件时因为网络卡顿，而刷不出广告的情况。

第二，信息流广告

所谓的信息流广告其实就是其以抖音短视频或者图文的形式做成产品宣传广告，然后在抖音的智能推荐下进入用户的视线，用户看到之后，如果对他看到的产品有兴趣，就可以点击开来，做深入的了解。

为了让产品的转化率更高一些，大家在设计广告文案的时候一定要用心，搭配的背景音乐也要符合目标用户的审美需求。

第三，抖音贴纸广告

很多商家奇思妙想，把产品或者与品牌有关的图片制作出贴纸装饰，然后就像百度竞价一样，花钱把贴纸放在前面的位置，方便用户发现和使用。如果商家设计的贴纸能够获得用户的好感，那么势必会有很大的传播量。

广告投放完成之后，大家最关心的还是回报收益的问题，那么作为一个企业运营者，如何查看自己投放的短视频广告的收益效果呢？

其实只需要分析一个叫"有效互动率"的数据就可以了。一般来说，这里指的互动包括点赞、关注、转发评论、点击主页访问等。

抖音的"有效互动率"的计算公式是这样的：有效互动率等于有过广告互动行为的UV除以广告曝光UV（UV，即独立访客）。

企业商家得到的"有效互动率"是经过一系列精准追踪过的数据，商家可以通过这些数据实时了解用户对广告的真实反应。

当然，企业为了提升抖音的"有效互动率"，还可以在设计硬广的时候采取如下几种套路。

1.卖惨博同情

有段时间刷抖音，可以看到很多类似这样推广产品的剧情：疫情严重，货物挤压，房租到期，商家含泪甩卖。大致内容是这样的，如果再配上一个女人独自难过哭泣的身影和一段悲伤的音乐，那么这个硬广的威力确实不小，如果卖家的产品不是很贵，用户很有可能在同情心的驱使下下单购买。

2.通过实验展示产品的使用效果

如果卖家把产品的功效吹得天花乱坠，相信屏幕前的用户没有几个会真正相信，因为产品对于他们而言，碰不到摸不着，所以不会轻易相信产品的实用功能。

但是倘若商家能够把产品的功效通过试验的形式展示给用户，那么一定会增加用户的信任度。比如你说自己卖的纸尿裤吸水性强，那么就给纸尿裤倒上一杯满满的水，然后观察它的吸附力如何，如果吸水性强，且能保持干爽的话，那么放一张卫生纸肯定也不会湿透。录制这样一个有说服力的实验广告，比说上千千万万句"产品就是好"要管用得多。

3.用视觉冲击力刺激用户

有一次在刷抖音的时候，看到一则非常惊艳的古装写真照片。照片里的美女身着汉服，五官精美，温婉大气，端庄温柔，看上去非常养眼，这个时候如果爱美的女孩子看到这样的照片，估计都会在心里呐喊：哇！好美的照片，我也想要一张。

因此可以看出，用户的购买欲其实通过强烈的视觉冲击力也能激发出来。大家在拍摄广告短视频的时候可以学习借鉴一下。

4.用高的性价比吸引用户

拼多多有一次在抖音上推广，就用了一个价格很便宜的电动车作为噱头。这个电动车的价格标注为9.9元，试想这样的价格谁会不心动呢？后来点开广告才发现，那个价格便宜的电动车其实是限时限量抢购的。不过，不管能不能抢得到，拼多多已经最大程度上实现了引流的目的。

除此之外，大家在制作短视频广告的时候还可以配上热门的音乐，以此吸引用户的注意力，调动他们的情绪，进而提升产品的转化率。当然，你所挑选的音乐还需要跟产品的调性保持一致，比如古装摄影的广告适合配温婉悠长的音乐，这样才不会给用户一种违和感。

以上是几种比较常见的短视频广告拍摄套路，如果想获得更多的转化率，不妨脑洞大开，尝试更多的新鲜玩法。

正确解锁企业线上线下的闭环营销

如果你是一个对商业比较敏感的人，一定不难发现，如今很多电子商务都到线下跟实体店结合，比如盒马鲜生，原来有一个电商平台，后来线下又开了实体门店；小米有自己线上的电商平台，后来又到线下开了小米之家，从而实现了线上和线下的闭环营销。

作为一个企业，其实也可以学习它这种盈利闭环模式，实现线上线下的用户连接。

众所周知，线上的抖音具有很明显的传播优势，企业账号可以充分利用Dou+功能扩大短视频传播的范围，从而吸引到一批对你短视频内容感兴趣的用户，然后再利用POI功能将门店的信息传递给用户，从而把这批感兴趣的用户吸引到实体店里来进行体验和消费。

当然，你还可以像抖音蓝V账号"花漾庭院"那样号召进店消费的用户在抖音上传一段有关"花漾庭院"信息的短视频，如果该短视频获得50个以上的点赞量就可以获得优惠减免的活动。这样良好互动，有利于打造企业的闭环营销。

那么，企业在尝试进行线上线下的协调营销时，具体需要哪些步骤呢？以下是天九共享集团全球CEO、苹果公司原全球副总裁戈峻给出的几点建议。

第一，在线化、智慧化

戈峻在公益讲座《戈峻夜话：智慧企业赢未来》中指出，疫情加速企业的转型升级，企业业务在线化、智慧化趋势已成必然。

他认为在线化、智慧化是企业实现线上线下营销闭环的最根本的基础。充分利用数字化工具，并通过营销政策来聚集用户，建立自己的流量池是企业闭环营销的第一步。

第二，分析用户，精准定位

企业拥有了自己的流量池之后，就要充分利用各种数据解析用户的群体画像，从而精准掌握他们的需求和喜好。

第三，以客户的体验感为中心

客户的体验感非常重要，企业在服务的过程中，只有让客户感到满意、舒心，才能够使其产生强有力的购买欲。

一般来说，为了提升用户的满意度，企业需要在线上加强对用户的关注，积极回应客户的咨询和反馈，线下服务的时候不能敷衍客户，更不能强买强卖，而是应该以客户的体验感为中心，让他们舒心地享受整个服务过程，这样他们才会发展成为你的忠实客户。

第四，企业要执行到位

戈峻认为，企业在打造营销闭环的过程，应该抓住每一个细节，尤其是对数据的统计、挖掘、利用和分析一定要到位，这样才能保障线上线下的闭环营销实现更大的经济效益。

以上便是企业线上线下闭环营销的相关内容，感兴趣的企业或者店铺不妨一试，也许这种营销模式可以帮助大家在疫情经营困难的时期迎来新的转机。